SOCIAL SKILLS TRAINING FOR CHILDREN
WITH ASPERGER SYNDROME
AND HIGH-FUNCTIONING AUTISM
Susan Williams White

発達障害児のためのSST

スーザン・ウィリアムス・ホワイト

梅永雄二 監訳

黒田美保　諏訪利明　深谷博子　本田輝行 訳

金剛出版

SOCIAL SKILLS TRAINING FOR CHILDREN WITH
ASPERGER SYNDROME AND HIGH-FUNCTIONING AUTISM
by Susan Williams White,PhD
Copyright © 2011 by The Guilford Press. A Division of Guilford Publications,Inc.
Japanese translation published by arrangement with
Guilford Publications,Inc.through The English Agency(Japan)Ltd.

謝　辞

　この本は，私自身の臨床と研究の経験を基盤としているだけではなく，自閉スペクトラム症（以下「ASD：Autism Spectrum Disorder」とする）や関連する症状をもつ人たちと関わってこられた数多くの熱心な先輩研究者とセラピストが生み出した豊富な知見にも依拠しています。1人1人の名を挙げて全員に感謝の意を述べたいところですが，それは残念ながらできません。ただ，その中でも特に影響力のある寛大な方々と，私は幸運にも一緒に仕事ができました。その方々から受けた貴重な助言についてお礼を申し上げたいと思います。

　エール大学医学部児童研究センターにおいて博士課程修了後の指導を担当してくださったローレンス・スキャーヒル博士は，発達障害について私の考えを方向づけてくれました。それだけではなく，倫理的な臨床活動と意味のある研究とをどのように結びつけるべきかを模範を示して教えてくださいました。また，直接的な臨床活動と研究を通じて，数えきれないほどのASDの人たちやその家族のサポートをされてきた専門の先生方——アミ・クリン博士，コニー・カサリ博士，シンシア・ジョンソン博士，そしてドナルド・オズワルド博士——と一緒に仕事ができたことも幸運でした。

　さらに，やはりエール大学児童研究センターの看護学修士のキャサリン・ケーニグにもまた感謝の意を申し述べたいと思います。彼女は何年もの間，ASD児童のソーシャルスキルグループを実施しており，彼らに具体的なスキルを教えるための新しい方略と技法を開発するのに貢献しました。

　私が何年間も関わってきたASDの人たちやその家族がいなかったら，この本は決してまとめられなかったでしょう。彼らが私と一緒に問題に取り組み，誠心誠意，支援の目標に向けて努力していることに心から感謝いたします。失敗や解決できないのではないかと思われる問題でフラストレーションがたまったとき，

彼らの苦労や忍耐強い努力を思うと，私もがんばりつづけることができます。

そして，夫ブラッドリーと二人の息子，アルデンとカルビンにも感謝します。息子二人はこの本の執筆中に生まれました。私の人生におけるあなたたちの存在は，いわば船の錨であり，絶えざる元気の源です。

また，この本を書こうと思わせてくれたアン・マリー・アルバーノ博士に心からの感謝の意を述べたいと思います。アルバーノ博士の洞察力のあるフィードバックのおかげで，私はASDの人の家族と関わる上での独特の複雑な臨床的問題をより深く掘り下げようという気になったのです。

そして最後に，編集の労をとっていただいたギルフォードプレスの編集者のキティ・ムーアに心から感謝いたします。

目　次

第1章 ● はじめに ……………………………………………………………… 9

第2章 ● 臨床的評価とソーシャルスキルのアセスメント ………………… 35

第3章 ● 介入の種類と，ASDに併せた改変の方法 ………………………… 59

第4章 ● SSTグループ ………………………………………………………… 77

第5章 ● 教室でのトレーニング ……………………………………………… 107

第6章 ● クリニックでのトレーニング ……………………………………… 127

第7章 ● 家庭でのSSTの促進 ………………………………………………… 165

第8章 ● 成人生活へ向けてのソーシャルスキルの改善 …………………… 183

附録 ……………………………………………………………………………… 193
参考文献 ………………………………………………………………………… 209
監訳者あとがき ………………………………………………………………… 217

発達障害児のための SST

Social Skills Training for Children with Asperger Syndrome and High-Functioning Autism

● 第1章 ●

はじめに

　私は，ASDの子どもとティーンエイジャー（以下，「ASD児」とする）のソーシャルスキルを高めたいと思っているセラピスト，教師，その他の人たちのためにこの本を書きました。この本では，ASDおよびASDと関連する状態を呈する子どもとティーンエイジャーにソーシャルスキルを教える上での実践的アプローチとアドバイスを提供します。ASDはかつては稀だと考えられていましたが，推定有病率の上昇を受けて，最近では科学界でもメディアでも大きな注目を浴びています。2014年の全米疾病管理および予防センター（CDC）の報告によると，ASDの有病率は68人に1人という高い割合だといいます（CDC, 2014）。最新の推定有病率や経験的に裏付けられた早期診断の重要性を考えると（Dawson, 2009），ASDの人たちが増加し，しかも年齢が上昇しつつあるのは疑いの余地がありません。ASDおよび精神的健康という点から見て，もっとも急速に必要性が増している領域は，年長の子ども・青年・成人であると考えられます。

　ASDを専門としていない人たちを含め，多くのセラピストが，ソーシャルスキルの障害に対する何らかの援助を切実に必要としているクライエントと向き合うことを求められています。ほとんどの地域では，処遇を求める家族の数が，実際に存在する専門機関の数を遙かにしのいでいます。学校もまた，ASDや関連する障害をもっていて特別支援教育が必要と見なされる，現在増加中の生徒たちにサービスを提供するよう求められています。ほとんどの学校では，このような障害のある生徒の要求に対処する準備ができていません。学校関係者は，ASDの生徒とその家族のニーズにどうすればうまく対応できるか，わかっていません。これは決して専門家や特別支援教育教師だけが直面する問題ではありません。そ

れどころか，高機能 ASD の多くの生徒はほぼ例外なく普通教育の教師に受けもたれ，通常の教育カリキュラムで指導されているのです。したがって，普通教育の教師が責任を負わされているわけですが，彼らは ASD の生徒の指導に関してほとんど（あるいは全く）教育を受けていないのです。

　多くのセラピストや精神保健のセラピストは，子どものさまざまな障害や問題に対する支援方法としてソーシャルスキルトレーニング（SST）についてある程度は知っています。子どもの多くの障害に対する支援において，SST はよく用いられています。しかし，通常 SST は大半の精神科的障害や行動障害に対する単独の介入方法としては効果的ではありません（Spence, 2003）。それは，セラピーや学校コンサルテーション，そしてときには投薬などを含む包括的な介入プログラムの中の一要素なのです。ASD の人たちと関わるときも，このような取り組み方が一般的です。ASD において，社会性の障害は根本的なもの――あるいはすべての ASD を通じて共通の機能障害であると――と考えられているかもしれませんが，それは ASD の人の生活の中で他の多くの要因とも関係しているのです。それゆえ，トレーニングは統合型のものにするべきで，社会に受け入れられるための適切なスキルを養い，できるだけ多くの関連する要因（たとえば，コミュニケーションの障害，多動性，刺激の過剰選択性などの要因）に対処する形式のものにすべきなのです。

　したがって，このガイドブックの読者に，一言，忠告させてください。「一般的に，ASD 児のどんな包括的支援プログラムにおいても SST は重要な要素と見なすのが最善であるけれども，たいていは，SST だけを提供すべきではない」ということです。

　このガイドは，精神保健や学校教育の領域で増加しつつあるニーズに対応することと，この分野における最新の考え方を分析すること，そして ASD 児向けの SST における有効かもしれないアプローチを広めることを試みるものです。したがって，この本の内容は，数多くの理論的アプローチや臨床的介入，支援モデルに依拠しています。つまり，単に一つの SST カリキュラムを提示しているのではないのです。さまざまな領域からの情報を統合したのは，概念的な情報と実

践的な情報の両方をセラピストや教師などに提供するためです。そうすることで，実践者が個々のクライエントのニーズにもっとも合うようなアプローチを決定できるようにしたかったのです。臨床心理士，セラピスト，ソーシャルワーカー，そしてスクール・サイコロジストなどの精神保健のセラピストも，教師も——スクールカウンセラーも通常学級教師と特別支援学校教師だけでなく—— ASD 児やその家族を現在，そして将来にわたって支援できるよう，十分に準備させるべきです。

ASD とは何か

　ASD は，通常，幼少期に診断される神経発達の障害です。この障害の正確な原因はまだ解明されていません。遺伝的要因が少なくとも素因であることは一般的に認められてはいますが，複数の遺伝子が関係している可能性が高く，ASD という最終診断に至るには無数の経路があります。ASD は多くの要因から生じるという可能性もあり，それは，すべての ASD の症例の根底にあるのがたった一つの要因ではないことを意味しています。さらに，環境上，発達上の損傷または出来事が誘発する遺伝的素因があり，それが後に ASD を発現させる可能性もあります。この存在論における多様性は，おそらく ASD 者にみられる多様性を説明する助けになるでしょう。ASD の人たちは，想像できうるあらゆる点でそれぞれ大きく異なっています。言語能力や知能，ユーモアのセンス，興味の対象，ほかの人と近づきたい気持ちの強さ，予後など，挙げはじめればきりがありません。

　原因がどのようなものであろうと，すべての ASD は社会性の困難を特徴としています。それ以外の中核的な二つの領域は，コミュニケーションの障害と反復行動や制限された興味・関心です（Diagnostic and Statistical Manual of Mental Disorders 4th Ed., text revision [DSM-IV-TR]；APA, 2000）。ある人のコミュニケーションや限局的行動・興味の領域における行動特徴が，個々の ASD の診断に影響することになります。例えば，幼少期において，話し言葉に発達の遅れ

があったとしたら高機能ASD，言語発達の点で発達が早かったり，少なくとも遅れていなければASDと診断されることがあります。視覚空間能力および言語によって影響される能力に関わる学習特徴に大きな差異があるといういくつかの証拠も存在します。しかしながら，先に述べたように，すべてのASDは社会的相互作用の困難を特徴としているのです。コミュニケーションの問題（言語的・非言語的の両方），常同行動，限局的興味・関心は診断を助ける情報ではありますが，ASDの決定的な特性ではありません。

ASDのサブタイプに関して

「ASD」とは，3つの関連する神経発達障害を含む用語です。その3つとは，自閉症，アスペルガー症候群（またはアスペルガー障害），特定不能の広汎性発達障害（PDD-NOS）です。高機能自閉症とアスペルガー症候群という違いがあっても，通常，ソーシャルスキルに関する介入の種類が自動的に決まるわけではありません。しかし，それぞれの障害には，ソーシャルスキルに変化をもたらすための介入法を左右するような独特の全般的特徴があります。従来のDSM（DSM-IV TRまで）による診断基準では，自閉症はアスペルガー症候群の診断を排除します。つまり，両者は共存しないのです。アスペルガー症候群は，知的な障害あるいは話し言葉の発達の遅れがないという点で異なっています。しかし，思春期においては高機能（正常な認知機能の範囲内か知的な遅れがない）自閉症とアスペルガー症候群の鑑別診断は難しいとかもしれません。アスペルガー症候群児は高機能自閉症児と比べると，社会的関わりにおいて「積極的だが奇異」な傾向があり，高機能自閉症児は打ち解けないし受け身な傾向があるという経験的証拠があります（Ghaziuddin, 2008）。言いかえると，アスペルガー症候群児はつき合いの始め方が不適切だったり（例えば，個人的な質問をするなど），他人の個人空間に侵入したり，他人との関わり方が衝動的で気が利かなかったりする確率が高いかもしれません。一方，高機能自閉症児は自分に関する質問には適切にこたえるかもしれませんが，双方向のやり取りをする必要を感じなかったり，あるいは会話相手に対して質問したりしないかもしれません。

実際の場面では，高機能自閉症の方が会話を続けることが難しいかもしれず，アスペルガー症候群児の方は話を遮ることが難しいかもしれません。この二つの特徴のいずれかが存在すると，実行する介入の種類が決まるでしょう。社会性に困難があるという印象は，知能の高さにかかわらず，すべてのASDのサブタイプに共通するものです。

　この本が出版される頃には，DSMの改訂版（DSM-5）の中で，私たちはASDの概念化のしかたに大きく影響する変更案と対峙します（www.dsm5.org/Pages/Default.aspx 参照のこと）。この変更は，各サブタイプの診断にまつわる困難の多くの部分を過去のものにするかもしれません。現在，自閉症，アスペルガー症候群，小児期崩壊性障害，特定不能の広汎性発達障害という診断を下されている人には「ASD」という診断名が付けられるでしょう。いくつかに分類された診断名（たとえばアスペルガー症候群など）は，もはや適応されず，一つのスペクトラム障害に吸収されます。このような変更を行う大きな理由は，軽度の自閉症とアスペルガー症候群との間の明確な違いを一貫して裏付けるデータが欠如していることですが，全員が賛同しているわけではありません。例えば2009年のニューヨークタイムズの記事で，サイモン－バロン－コーエン博士（2009）は，1994年のDSM-4に初めて掲載された，診断名としては比較的新しいアスペルガー症候群について，科学者はこれに関わる生物学的，遺伝学的な標識をようやく発見しはじめたところだと主張しました。

　診断基準が変化したとしても，クライエントが示す社会性の困難の具体的内容は，介入の方法を決めるうえで参考になります。例えば，人と打ち解けず，友人たちに興味のない子どもに対する介入は，人づき合いはとてもしたいけれども友人への関わり方が下手な子どもに対する介入と全く異なるででしょう。精神保健の専門家がASDをもっと全体的に見るようになれば，ASDのサブタイプの区別は過去のことになるでしょう。高機能自閉症とアスペルガー症候群の違いがソーシャルスキルに関する介入法を決めるわけではないし，ASDをもっと統一的に見ようという動きが起きていることから，この本では高機能自閉症とアスペルガー症候群と特定不能の広汎性発達障害の人に，「ASD」という用語を使用します。

なぜ，ソーシャルスキルの発達に焦点を置くのか？

　社会性の困難は，認知能力や言語能力と関係なく，ASD者が経験する支障の主要な原因となり（Carter, Davis, Klin & Volkmar, 2005），それらは発達に伴って軽減することもありません。それどころか，子どもが思春期に近づくにつれて支障も苦痛も悪化していく可能性があります。思春期には社会的環境がより複雑になり，課題が増えるうえに，ASD児がより自分の社会性の困難，つまり自分が「違っている」ということを認識するようになるからです。(Schopler & Mesibov, 1983；Tantam, 2003)。児童期中期になると，この自己認識が強まり，社会的複雑さが増加するため，ソーシャルスキルの弱さは，特に高機能のASD者にとっては抑うつや不安障害の予兆ともなりかねません（Myles, 2003；Tantam, 2003)。社会的な関わりを持ち，自分が受け入れられ支えられていると感じられるような友人グループを持つことの重要性は，社会性に著しい困難がない人にとってはしばしば見逃されるか，軽視されています。

　とりわけ10代の子どもにとって，社会的な受容は生活の質全般に影響を及ぼし，学力や，アイデンティティと自尊感情の発達に影響を与えます。実際, ASDの人が抱える社会性の困難は，他の多くの問題と関連していることがわかっています。ASDの人たちは，一人でいる方が好きであるとか社会的な関わりをあまり持ちたがらないと思われがちですが，多くのASDの人たちは自分の孤立状態を強く意識し，他者との関係性が欠如していることについて不満を感じています（Atwood, 2000）。さらに，臨床報告では，ASD児が成熟するにつれ，社会的な関わりの弱さがとりわけ不安障害や気分障害などの，より深刻な問題につながりうることが示されています。10代でも成人でもASD者はうつ病と不安障害のリスクが高く（Ghaziuddin, Weidmar-Mikhail, & Ghaziuddin, 1998），それが学力と社会的能力に否定的な影響を与える可能性があります（Myles, Barnhill, Hagiwara, Grisworld, & Simpson, 2001）。青年期のASD者が述べた次のような2つの言葉を見ると，社会性の困難，情緒的孤立，そしてうつ状態などの二次障

害を自分で認識していることがわかります。

- 「友達が私をいろいろな場所に連れていくと，うちの両親からお金をもらえるのは，私がASDだからです」
- 「私はASDなので，自分のソーシャルスキルについて常に悩まなければならないし，いつだって最悪の大失敗をやらかす危険があります」

　最後に，すべての行動には目的があることは行動分析家や心理士によって一般に認められています。もし，社会的な関わりに対する欲求があるのに，この欲求を満足させる適切なソーシャルスキルを用いる知識や能力が欠如していたら，その子どもは恐らくこの欲求やニーズを満たすために社会的により不適切な行動を用いはじめるでしょう。例えば，ある女子高生が，他の女子高生のようにクラスメイトに受け入れられる方法（例えば，今はやりのテレビ番組のような，共通の興味の的について話し合うことなど）がわからなかったら，彼女は乱暴なことをしたり不適切なジョークを言ったりすれば仲間の注目を集められると思うかもしれません。そのような行動は確かに注目を集めるかもしれませんが，放課後の居残りを命じられたり，最終的には仲間からの拒絶や孤立に直面するといった，思わぬ結果につながりがちです。この例で言いたかったのは，欲求があっても必要なスキルがなかったら（スキルを知らない，スキルを上手に使えないなど），欲求を満たすためにあまり好ましくない他の行動が用いられる可能性があるということです。

　まとめると以下のようになります。

- 社会性の問題はASDのすべてのサブタイプの主要な決定的特徴である。
- 認知的な面で高機能のASD者にとって，社会性の問題は意欲の欠如から生じるのではなく，能力の欠如から生じることが多い。
- ソーシャルスキルの弱さは，不安障害，うつ状態，孤立などの他の問題と関連していて，それがASD児の成功を阻んだり，生活の質を低下させる。

なぜ高機能 ASD 児がターゲットなのか

　前に書いたように，ASD 者の間には大きな多様性があります。認知機能や知能のレベルは，ASD 児の間で非常にばらつきのある領域の一つであり，処遇のしかたや，ソーシャルスキルに関する介入プログラムでのターゲットの定め方に影響します。青年期の高機能 ASD 者は，知的機能の低い ASD 者に比べ，より頻繁に仲間と社会的関わりを始めようとします。しかし，それを行う比率は同年代の定型発達者の約半分にすぎません（Bauminger, Shulman, & Agam, 2003）。10 代の ASD 者はまた，仲間から社会的なイニシエーション〔社会集団に加わる際に行う儀礼〕，あるいは誘いの行動を受けることも比較的少なめです。ASD 者からの社会的イニシエーションの少なさと，他者からのイニシエーションに適切に反応する機会の欠如の両方が，社会的機能に悪影響を及ぼしている可能性があります。10 代の ASD 者が認識している社会的孤立と孤独の根底にあるのが，欲求の欠如と言うより，社会的な行動の始め方（またはやり取りのしかた，相互作用のしかたなど）の知識とスキルの全般的な欠如であることを考えると，社会的な関わりをもっと頻繁かつ効果的に始める方法を教わることが肝要です。

　この本では，「高機能」と考えられる ASD の児童・生徒のためのソーシャルスキルトレーニングの方法に焦点を当てます。高機能は通常，認知機能に重い障害がない人と定義されます。大半の研究文献において，「高機能」という用語はフルスケール IQ が境界領域以上（IQ ≧ 70）とアセスメントされ，一般的には言語によるコミュニケーションが可能な ASD 者に使われています。この高機能 ASD 者に焦点を絞った理由は，行う介入の種類が変わってくるからです。知的に重い障害のある ASD 児の場合は，より適切なソーシャルスキルを学ぶことはできますが，重い認知的，言語的障害がある人を指導するのに使うアプローチは，知的障害のない人に使える（使うべきアプローチ）とは質的に異なります。知的障害のある ASD 者は，大人による強い後押しと，言語を用いた指導よりはむしろ視覚的な指導の方が適切な場合があるからです。例えば，知的障害を伴う思春

期のASD者にソーシャルスキルを指導するには，わかりやすい絵などの視覚刺激（マンガなど）を用いて適切なソーシャルスキルのモデルを示すほか，スキルを練習する気になるように具体的な強化子（ご褒美）などを使うのがよいかもしれません。読み進めればわかるでしょうが，このガイドにおける多くの方略は，言語を用いたものであり，指導者によるモデル提示と，自分で自分に強化子を与えることがかなり必要となります。

　7歳から17歳程度の児童・生徒に焦点を当てた理由は，学齢期の子どもに対するアプローチは幼児に対するアプローチとは質的に異なっているからです。幼児の社会的遊びは，小道具を多用し，社会的なやり取りが少ないという点で学齢期の子どもの遊びとは異なります。社会的ネットワークと友情も，年長の子どもの仲間関係にみられる深さ，複雑さを欠いています。10代のASD児に対しては指導の方法と内容を多少改変することが必要ですが，一般的に10歳のASD児に対するトレーニングまたは指導のアプローチは15歳のASD対するアプローチとかなり似通っています。

　平均的，あるいはときには平均を著しく上回る認知機能を示す場合でも，ASD児たちは一般に，重度の社会性の困難と支障を呈します。ASD児独特の認知特性と，コミュニケーションの困難性（たとえば単調なしゃべり方など）とが相まって，社会的場面での相互作用や，自分の精神状態の理解と認識が難しくなってしまうのです。社会的相互作用の困難性は深刻で，介入がなければ発達とともに改善する傾向もありません。社会性の困難というASDの特徴の中核には，他の人の意図やほのめかしの解釈といった，他人についての情報の処理が苦手だということがあります。思春期のASD児は概して，仲間の社会的期待を理解することや，構造化されていない状況（学校の遠足など）における行動のしかたを知ること，そして状況に応じて行動を変えることなどに大きな困難を抱えています。感情制御と過覚醒の問題がこのような生まれつきのソーシャルスキルの弱さをさらに悪化させ，本人が経験する支障を増大させがちです。

　ASD，とりわけアスペルガー症候群者は必ずしも発話に問題があるとは限りませんが，社会的コミュニケーションのごく基本的な慣習を苦手とすることが

ASDの特徴的な問題です。声のトーンやイントネーションなど，言葉によらない手掛かりによって話し言葉の含意や解釈が変わりうることは，多くの場合，なかなか認識できません。また，皮肉や嫌みなど，裏の意味がある言葉を理解することも困難です。さらに，どれほどの情報を提供すればいいのかがわからなかったり，聞き手が会話のトピックを理解できるような文脈的手掛かりをすぐに提供しなかったり，頻繁に話が脱線したり無関係なことを言ったりすることも，ASD者の社会的コミュニケーションを難しくします（Twachtman-Cullun, 1998）。

　要するに，知的障害を伴わないASD児は，典型的ASDまたは重度の知的障害を伴う子どもほど，社会性のこんなに苦しめられていないと考えるべきではないのです。実際，思春期以降に彼らの自己認識が強まることや，仲間と関わりたいという欲求があることは，時がたつにつれて彼らの社会性の困難を悪化させる可能性があります。このような理由，そして先に述べた指導技法の相違により，このガイドは，高機能のASD児に焦点を当てるのです。

ソーシャルスキルトレーニングの概要

　「ソーシャルスキルトレーニング（以下「SST」とする）」とは，対人関係のスキルの困難性を改善することを目的とした幅広い介入方法を表すのに使われる用語です。すべてのSSTは，通常，適応を促し，支障を軽減する手段として，子どもたちの社会的能力を改善することを目標としています。すべてのSSTの土台に，一つの統一的な理論的アプローチがあるわけではありません。しかし，基本的な仮定として，社会的能力は，満足感を与えてくれるような社会的関係の獲得と維持と関連しており，そのような社会的関係は生活の質の向上と関連している，という考え方があります（Segrin & Givertz, 2003）。

　歯の磨き方や自転車の乗り方など，子どもたちが学ぶ多くのスキルとは異なり，ソーシャルスキルというものは，ほぼ全面的に文脈に依存します。もっと具体的なスキルとは異なり，ソーシャルスキルは不文律の「行動の規範」に依存してい

ます。すなわち，状況や一緒にいる相手，生じた出来事やこれからまさに生じようとしている出来事によって変わるのです。決まった規則をたいてい見事に覚えて守ることができるASD者をさらに戸惑わせるのが，成長の度合いによってソーシャルスキルが変化していくということです。たとえば，4歳児の場合は，遊び仲間としてほかの子どもに近づき，「私の友達になりたい？」と礼儀正しく訪ねるのが望ましいと学ぶかもしれません。これは4歳児にとってはとても素晴らしいスキルですが，13歳になった段階ではこのようなスキルはもはや適切とはいえないでしょう。この違いは，SSTの介入が非常に難しい理由を物語っています。つまり，動く標的を固定するのは至難の業なのです。

　SSTの領域の先駆者であるグレシャムは，ソーシャルスキルの弱さを三つのタイプに分けています。スキルの獲得に関する弱さ，スキルの実行に関する弱さ，スキルの上手な使用に関する弱さです（Gresham, Sugai, & Horner, 2001）。スキルの獲得の弱さとは，子どもが特定のスキルを実行するための知識を持っていないということです。実行に関する弱さは，その知識を持ちながらも，必要な時にそのスキルを実行することができないことです。そして，上手な使用に関する弱さは，スキルの知識も，うまく行おうという意欲もあるのですが，「そのソーシャルスキルの実行がとても不器用で洗練されていない」状態です（Gresham et al., 2001）。どのタイプの弱さを示すかによって，実施する介入のタイプを決定するべきです。それはスキルを教えることかもしれませんし，スキルの使用を促すことかもしれませんし，自然な状況の中で適切なスキルの練習とリハーサルをすることかもしれません。

　表1.1に示される例を考えてみてください。ここにはASD児が示しうる弱さのタイプが示されています。

　大半のソーシャルスキルのプログラムは，同じような指導手順に従っています（例えば，Evans, Axelrod, & Sapia, 2000）。まず，子どもの機能のアセスメントを行なって，対象とすべきソーシャルスキルを決定した後，スキルを教えます。多くの場合，同年代の児童生徒たちの中で小グループの形で教えます。講義形式での指導の後，その子どもは半構造化された状況（例えば，トレーニンググループ）

表 1.1　ソーシャルスキルの困難性のタイプ

弱さの タイプ	例	考えられる介入方法
獲得	1. 誰かに話しかけてもよいことを示す手掛かりがわからない（例：相手が自分に微笑みかけている場合） 2. 言葉によらない動作（例：微笑み，手を振ること）がどのような感情を示すかがわからない	1対1，あるいはグループで個別のスキルを指導
実行	1. セラピストの指導中はできるのに，学校で会話を始めることができない 2. 言葉によらないコミュニケーションの重要性を理解し，それを言語化することもできるが，会話中に表情やジェスチャーを使うことができない	クラスメイトや兄弟姉妹の中で，一緒に指導
上手な 使用	1. 相手の話を遮って，相手が興味のない話をし始める 2. 会話中に相手を凝視する。また，誰かに近づきながら挨拶のつもりで手を振るが，相手の体に触れそうなほど手の振り方が大きい	スキルの実行についてフィードバックを行う 適切なスキル実行のモデルを示す

の中でそのスキルを練習する機会を持ちます。そして，般化応用ができるように，子どもの自然な環境（例えば学校）にスキルを移行させようと試みます。子どもが持っていない（獲得）スキル，または上手に実行できない（実行または上手な使用に関する弱さ）スキルを教えるほかに，大半のアプローチでは，競争などの問題行動を減らす試みも行います（Gresham, Thomas, & Grimes, 2002）。

定型発達の児童生徒研究からわかっていること

　順調な社会的関係，つまり社会的能力と，精神的健康には関係があることを裏付ける経験的証拠があります（Parker & Asher, 1987；Green et al., 1999）。さらに，ソーシャルスキルの弱さは，多くの小児期精神障害の発言および診断と関連しています（Hansen, Nangle, & Meyer, 1998）。ソーシャルスキルに関する介入は，注意欠如多動性障害（de Boo & Prins, 2007）やうつ（Segrin, 2000），攻撃性（Nangle, Erdley, Carpenter, & Newman, 2002），内気さ（Greco & Morris, 2001）など，大半の子どもの障害と問題行動に対する治療や処遇のために行われてきました。行動療法的アプローチ——大半のSSTアプローチの中で群を抜いて多用される方法——には，モデリング，ロールプレイ，リハーサル，フィードバックを与えること，現実世界での練習，そして強化といった方略があります。

ASDの社会的機能不全のモデル

　ソーシャルスキルの弱さが基本的な問題であるASD児のトレーニングプログラムでは，多くの場合SSTが中核的要素となっています。私は，ASDにみられるさまざまな社会的機能不全を説明するために提示されたすべての理論モデルや科学的概念化を紹介しようとしているわけではありません。しかし，この主要な理論のいくつかを概観すれば，ASD者に頻繁にみられるソーシャルスキルの弱さを理解するのに役立つでしょう。このような理論についての詳しい情報は，Carter et al.（2005）や，これらの指導の基礎となっている研究——この本の巻末に掲載します——を参照してください。

　ASDの社会的機能不全を説明するうえで最も広く支持されている理論は，おそらくBaron-Cohen（1995）によって提唱された「心の理論」または「心の盲目」でしょう。「心の理論」によると，社会性の困難は主に，自分自身と他者の精神現象を考えたり概念化したりすることができないことから生じるといいます。この基本的な弱点が，他者の意図や感情，信念などを予測したり，理解したりすることを特に困難にします。実際，人間が感情や考えや，必ずしも真実に一致するわけではない信念を持つことがわからず，そのような考えを自分や他者が抱きうると思えなければ，他者の行動を理解したり予測したりすることは非常に困難になります。このような弱さがあると，社会的な推論は不可能になり，社会的対話はきわめて難しくなります。

　15歳のベンの事例を考えてみましょう。ベンはなぞなぞと韻を踏むことが大好きですが，クラスメイトは好みが違うということが理解できません。実は，クラスメイトはベンと好みが違うだけではなく，ベンが教室での発言時にどうしても韻を踏もうとすることにいらだち，ベンをからかいます。不幸にも，ベンの場合は，そのようなからかいを認識できたので，深く傷ついてしまったのです。韻を踏みながら答える癖は（例えば，先生からの質問に答えるとき）強迫によって起きていたため，ベンは抑えられないように感じていました。

心の理論が理解できないもう一つの例として中学生のアリを紹介します。アリはクラスのある女の子に恋をしていましたが，片思いでした。アリはその女生徒に話しかける努力をし，ついには自分の気持ちを伝えました。ベンの感情を傷つけたくなかった女生徒は，ほかに好きな人がいるということをベンに直接伝えませんでした。その代わり，ベンの気持ちをありがたく思うと丁寧に告げ，ベンから何度もデートに誘われると，断るためのうまい口実（たとえば，「家族で出かけるの」など）を見つけました。ベンは女生徒が他の生徒に気があるということにまったく気づかず，しつこくデートに誘いつづけました。要するにアリは，ほとんどの若者が直感的に「わかる」暗黙の社会的ルール──通常，社会的な誘いが何度も拒絶された場合，脈がないことを意味し，それゆえベンはあきらめるべきだということ──を少しも認識できなかったのです。両事例とも，ASDの男子生徒は仲間が「共有する」実際的常識を知らなかったものと思われます。別の言い方をすれば，彼らはただ「理解」することができないのです。このような洞察力の欠如は，拒絶や社会的な屈辱を味わう原因になります。

　もう一つの理論モデルは，社会的な不器用さを「実行機能」の弱さと関連づけるものです。「実行機能」とは，事前に計画を立て，優先順位を変更し，邪魔が入ったり別の用事があったりしても決然と行動できるような一連の能力です（Ozonoff, 1997）。実行機能に該当する能力は数多く存在します。ASD児が最も阻害されていると考えられる能力は，柔軟性と計画性に関連しています（Ozonoff, & Jensen, 1999）。論理的に考えて，実行機能の弱さはASD児によくみられる問題をもたらしてもおかしくありません。例えば，学校で習った知識を現実世界の問題に応用するのが難しいこと，固執傾向（例えば，行動や言葉を繰り返すなど），他者と一緒に行う作業をなかなか継続できないことなどです。ASDに特有の実行機能の弱さを最も典型的に示しているのは，決まった手順の変更や，予期しない変化に対する適応が難しいという，よくある問題かもしれません。例えば，10代の女生徒がテストのために勉強して国語の授業に出席したところ，「担当の教師が病気のため本日はテストを実施せずに復習に当てたい」と代行の教師から言われたとします。ほとんどの生徒はこのような予定の変更を容易に受け入れるこ

とができ，おそらく勉強する日が増えたとわかって安心するでしょう。しかし，この女生徒は非常に腹を立てて自制心を失ってしまいます。敵意に満ちた反応を示し，代行の教師に向かって大声をあげるか，とても静かになって，さらに頑なになる（例えば，隅の方へ移動して椅子の上で左右に体を揺らしながら大好きな本を読む，など）かもしれません。

　第三の理論である，「中枢性統合」の弱さ（Frith, 2003；Happe, 1996）も，ASD にみられる社会性の困難を説明するのに役立つかもしれません。この理論は ASD 者の多くにみられる，「意味」つまり物事の総和（全体像）が理解できないという問題に光を当てています。文脈に留意できないこと，つまりう断片を全体像に統合できないことが，ASD 者の社会性の弱さの根底にあります。言いかえると，社会的機能がうまく働くためには，文脈に依存する数多くの情報を統合する必要があるのです。例えば，さまざまな人同士の関係を理解することや，話者が交替しても会話の要旨についていくこと，そして時間や環境のようなその他の要因を，適切に統合し反応するためにすべて非常に速いペースで統合しなければなりません。一般的に ASD 児はこのような能力が欠如しているのです。多くの情報を統合して全体像を作れないという問題は，さまざまな形で社会的機能に悪影響を及ぼす恐れがあります。仮に，10 代の ASD 児が「すてきなシャツだね」と言われたとき，その言葉だけに留意し，相手の表情（薄笑い）にも口調（ばかにするような調子）にも気付かず，他の生徒が笑っていることにさえ気づかなかったら，どうなるでしょうか。この ASD 児が会話から得るメッセージは，「これは心からのほめ言葉だ」――実際とは正反対の内容――というものかもしれないのです。

　クリンら（Klin, James, Schults, & Volkmer, 2003）は，ASD 者は一般的に「人」よりもむしろ「物」への志向が強い傾向があるという EM モデル（集中心理モデル）を示しました。認知神経科学に根差す EM モデルは，一部の ASD 者が，なぜ非常に知能が高かったり特定の専門領域（電話回路の設計など）に詳しかったりする一方で，社会性の面では深刻な問題を抱えているのか，という理由を説明しています。人が環境の中で何に留意し，何に気づくかを調べられる視標

追跡技術を用いた研究において，ASD者はアイコンタクトや指さしなどのような言葉によらない社会的手掛かりを無視しがちであるということがわかりました（Klin, Jones, Schultz, Volkmar, & Cohen, 2002）。そのような社会的手掛かりが自然に生じたときに気づきそこねると，必然的に，重要な社会的相互作用に関連する誤解や見落としを頻繁に起こしたり，当然，適切な社会的反応を示せなかったりするでしょう。例えば，かすかなウインクが重要な意味を持っている可能性もあります。それはジョークを意味しているのかもしれませんし，いま言ったことは嘘だし「いまのは無視して」）と伝えているのかもしれません。しかし，視線の動きに気づかないかもしれないASD者は，このような情報に気づかなかったり，その情報を重要だと思わなかったりするでしょう。したがって，状況を理解するうえで言葉によるコミュニケーションのみに頼ることになるのです。

現段階では，すべてのASDにみられる社会性の困難が発達とともにたどる経過を説明するものとして，誰もが認めるような唯一の理論というものはありません。それぞれの理論モデルが利点と制限を持っていますし，とりわけASDの神経学的基盤について多くのことがわかってきている現状では，いくつかのモデルを部分的に利用するのが賢明でしょう（South, Ozonoff, & McMahon, 2007）。あるASDの生徒が，自分の好きな話題——例えば，ドットマトリクス・プリンターなど——に友人がほとんど興味を持っていないという事実を理解しにくい理由を概念化する場合は「心の理論」からの原理（例えば自分と他者の興味や考えを区別できないこと）が有効であり，介入のしかたの参考にできます。この生徒については，表情や行動をもとに相手の考えを推測するスキルを系統立てて教えることが役に立つかもしれません。しかし，もう一つの例——例えば，ある女の子が自分の好きな本のシリーズのタイトルや出版情報を記憶することが極めて容易にできるのに，クラスメイトの名前がわからない理由を両親に説明する場合など——では，EM（集中心理）モデルの方が適切かもしれません。しかし，多くの場合，社会性に関連する意欲やソーシャルスキルのレベルはASD者によってまったく異なるため，ASDの社会性の困難を説明するのにたった一つの理論を採用するのは，軽率とは言わないまでも，難しいでしょう。

ASDにみられる社会性の困難の具体例

　ASD児にみられるソーシャルスキルの弱さはさまざまです。上手な使用に関する弱さは，比較的高機能のASDの生徒の多くにみられます。このような生徒は系統立ったソーシャルスキルのトレーニングを受けていて，うまく実践したいのに，滑らかかつ自然にスキルを実行することがなかなかできないのです。しかし，スキルの獲得や実行に問題がある児童生徒もまた見られます。さらに，ASD児は，適切にアイコンタクトが取れないなどの個別のソーシャルスキルが弱いだけでなく，感情経験に気づいてそれを分かち合うことや，他者の視点で考えることなどの「流動的な」スキルにも困難を抱えている場合が少なくありません（Gutstein & Whitney, 2002）。このような高レベルのスキルが弱いと，思春期に年齢相応の友人関係を維持しにくくなります。思春期は，仲間との関係が，相互性や暗黙の共通点の理解に基礎を置くと思われるからです。

　ASD者の社会的機能の多様さは，いくら強調しても足りないほどです。この多様性は，社会的機能を高めるために「予め決められた」プログラムを用いることが大変難しい主要な理由の一つです。しかし，頻繁にみられるため，ASD児の社会的能力をアセスメントする際には常に検討するべき問題もあります。以下に，ASD児によく見られるスキルの弱さを示します。

- 他者と会話をする際に，共通の参照点を設けない
   　ASD者は会話の相手に対して背景情報を十分に——あるいはまったく——与えずに，あるテーマについて話し始めることがある。
- 社会規範または「ルール」に対する配慮，理解，あるいは正しい認識がない
   　この問題は，10代のASD児が見知らぬ人に近づいたり，教室で質問に答えたりするときの無骨さや荒々しさに見て取れる。ASD児は失礼または短気に見えるかもしれないが，実際は，微笑みながら答えたり，相手の気分を害しかねないコメント（たとえば，「ああ，あなたの髪の毛は今日はひどい」）を差し控えるような一般的な社会的「機微」に気づいていないだけである。

- 会話のとき，「台本」，つまり文脈と無関係にはまった表現に頼りすぎる

  ASD者は社会的やりとりのルールを学習することができるかもしれない（たとえば，微笑みながら握手をするという挨拶のしかた）を学習した後，文脈に関わりなく，あらゆる場面にそのルールを用いることがある（例えば，葬儀や学校のダンスパーティーなど，すべての社交行事でルールを用いる）。

- 友人関係の性質を理解しにくい

  ASD児の多くは，友達は共有することができ，友人関係は一夫一婦制のような関係ではないという概念を理解することが難しい。この原因は，過去に生じた仲間との不快な経験や，友達作りに苦労した過去の経験，あるいは社会集団における相互作用のしかたについての不安などに関連しているかもしれない。これは嫉妬心や攻撃性につながる可能性がある。同様に，相手との関係が真に相互的なものではないのに，相手を友達だと思ってしまうこともある。相手が自分に話しかけたり，学校の外での活動に自分を誘ったりするかどうかにかかわらず，相手が自分に礼儀正しく振る舞うというだけで，10代のASD児は相手を「友達」と呼ぶかもしれない。

- パーソナルスペースを尊重しない

  ASDには運動機能や協調機能の困難がよくみられるが，それに加えて，10代のASD児は大人や仲間のパーソナルスペースに入り込むことがよくある。例えば，ASD児が自分を処遇している女性のカウンセラーに，指導セッションの最後に突然抱きつき（それもかなり強く）カウンセラーを驚かせるかもしれない。これは，パーソナルスペースの慣習を認識していなかったり，潜在的な感覚障害があったりするためである。

- 他者の意図や社会的行動を誤解する

  10代のASD児は，実際はいじめられていない場合でもいじめられたと考えてしまうことがある。反対に，笑いものにされている場合にも気づかないことがある。

- 口調や表情のような，言葉によらないコミュニケーションを誤解する

  ASD者は他者の口調の変化に気づかないかもしれないし，気づいたとし

ても会話の趣旨がどのように変わったのか，理解できないかもしれない（例えば，相手がただ単にジョークを言っているだけだということがわからない）。

　以上のリストは決してすべてを網羅しているわけではありませんし，1人のASD児がこのような問題すべてを抱えている可能性も低いですが，ASD児と関わるセラピストや教師が目にするよくある社会性の問題の一部が挙げられています。ASDの社会的機能不全のモデルを図1.1に示しました。ASD児が一般的に遭遇する社会性の困難や，その困難が生じる仕組みを家族に説明する手段として，この図を印刷して配布してもよいでしょう。
　ASD者の中でも，言語能力と認知能力が比較的よく発達した人たちは，仲間との社会的相互作用を自ら始めることが多いことがわかっています（Sigman & Ruskin, 1999）。しかし，彼らの関わり方はとてもぎこちなく，ときに無礼であることさえあります。とりわけ高機能の10代のASD児は，仲間に受入れられにくかったり，必要なスキルの欠如に伴う苦悩を経験する可能性があります。ASD児はたいてい，仲間の社会的ネットワークにうまく入り込めず（Chamberlain, 2002），それどころか，かなり孤独感を抱くこともあります（Bauminger & Kasari, 2000）。さらに，社会的コミュニケーションの能力は，高機能のASD者にとって長期的な予後の良好さと関連しています（Marans, Rubin, & Laurent, 2000）。通常，仲間と関わろうという意欲はあるのに，そのためのスキルが弱いということを考えると，適切なソーシャルスキルの系統立ったトレーニングが，合理的な処遇方法なのです。
　現在，ソーシャルスキルを発達させる介入がどれだけASD児にとって効果的かを判断することに多くの関心が集まり，盛んに研究が行われています。ASD生徒に対する学校でのSSTの介入について，被験者1人のみの55の研究をメタ分析したベリーニら（Bellini, Peters, Benner, & Hopf, 2007）は，SSTは最小限度の効果しか示していないと結論付けています。一方，ASD児に対するグループ単位のソーシャルスキルプログラムの包括的な質的検証では，ホワイトら（White, Koenig, & Scahill, 2007）は，過去の研究における数多くの方法論的な不

備（例えば，数少ないサンプル，変化をアセスメントするための不適切な手段など）によって，効果を正確に評価できないことを見出しています。ASDに対するソーシャルスキルの指導は理にかなった支援方法ではあるけれども，さらなる研究が必要であるだけでなく，獲得されたスキルの汎化と維持の促進を重視したエビデンスベースの支援マニュアルも必要だという点では，科学者もセラピストも見解が一致しています（White et al., 2007；Rao, Beidel, & Murray, 2008）。

　ASD児へのソーシャルスキルに関する介入の効果を検証する研究はまだ始まったばかりですが，介入の一種としてのSSTは他の障害に対するトレーニングとして確立されており，経験的な裏付けも増えています（Mueser & Bellak, 2007）。SSTは，さまざまな障害や生活上の問題の中でも特に，社会恐怖に対する治療（Herbert et al., 2005；Bogels & Voncken, 2008）や大人の統合失調症に対する治療（Tenhula & Bellack, 2008；Granhom, Ben-Zeev, & Link, 2009）にうまく統合されてきました。要するに，認知的に高機能のASD者の社会的機能を効果的に改善する方法は，まだわからないことが多いということです。ただ，ASD児の社会的機能を改善するための有力な方略を特定することについては，大きな進展がなされつつあります。この本ではこのような裏付けのある方略や新しい方略に関する適切な情報を読者に提供します。

この本の構成

典拠

　ASD児たちが年齢に応じた適切なソーシャルスキルを獲得できず，仲間との好ましい相互作用を行う機会がたいていは得られないことを考えると，上手に人づき合いができるように手助けするうえで，系統立ったソーシャルスキル指導が効果的なはずだと考えることは理にかなっています。しかし，現在，経験的に裏付けられた支援プログラムがないため，ASDのためのSSTの方法というテーマで実践家および教師向けの臨床的な本を書くのは容易なことではありません。そ

ASDの社会的機能不全を説明する理論	心の理論の弱さ：自分や他者の精神的，情緒的状況を理解したり，認識したり，推測することが困難	実行機能の弱さ：計画したり，組織化するスキルが低く，柔軟性に問題がある
	集中心理：人間よりも物に固執し，環境の非社会的側面に注意を集中する	中枢性統合の弱さ：概念化することや，部分を全体に統合すること，つまり文脈を理解することができない

ASD児によく見られるソーシャルスキルの弱さ

- 自分の感情や考えを見きわめて正確に解釈することが難しい
- 他者の感情や信念，意図を理解することができない
- 仲間が自分に示す反応の理由を理解することができない（社会的な因果関係）
- 他者の行動あるいは反応を予測することができない
- 物事に対する固執傾向がある（『精神的粘着性』）
- 会話中に1つの話題について話しつづけるのが難しい
- 社会的刺激をすぐに取り込むことができない
- 社会的コミュニケーションにおける言葉によらない側面を見逃しがちである（例えばアイコンタクトや表情など）
- かすかな社会的手掛かりを無視しがちである
- 他者の行動を頻繁に誤解してしまう
- 皮肉や嫌みなどの裏の意味があるコミュニケーションを認識および理解することができない
- 他者が興味を持っていないのに，自分の興味のある話題に執着しがちである
- 会話相手に十分な背景や文脈を説明しないことが多い
- 融通が利かず，他者に「ルール」に従うことを強いる
- いったん学習した後，その社会的ルールを柔軟に用いることができない
- 社会的繊細さがない
- 故意ではないが，ぶっきらぼうで，ときには社会的に無礼な対応をとりがちである

図 1.1　ASDの社会的機能不全のモデル

こで問題になるのが，「実践家はどうやって，そのようなトレーニングが必要なASD者に対してなすべきことを知るのか」と「ASDのためのSSTに関するガイドにどのような項目を導入すべきか」です。この本の内容，提案，関連する資料はほとんど，この領域における最新の実証研究のほか，ASD者と接した臨床経験およびASDに関する基本的な理論的解釈に基づいています。この領域では多くの研究が行われ，どのような人にはどのような方法が効果的かについての，現在の私たちの知識を形成するのに役立ってきました。しかし，この本の読者に全体的な警告として言っておきたいのは，この研究の多くが予備的なものであり，結論は暫定的なものだということです。

　ASD児に対する効果的なトレーニング法の理解は，まだ比較的浅い段階にあります。しかし，ASD児に対しての「経験的に裏付けられたトレーニング法」がないからといって，既存の経験的証拠に基づいて，援助を必要としているASD児をトレーニングするのをやめるべきありません。この領域において確かな研究が実施されつづけているのだから，私たちは現時点で参照できる知識や研究を利用して，できる範囲で最高のサービスを提供しなければならないのです。それと同時に私たちは，実施する支援の有効性についてわかっていることとわかっていないことを含め，現在の臨床的知識に限界があるということをASD児やその家族に知らせる必要があります。このような全面的な情報提供をすれば，私たちが関わるASD児は事情を知ったうえで，支援にどれだけ時間や資源をつぎ込みたいか，決定を下すことができるのです。

　ABA（応用行動分析）の原理に基づいた介入は，コミュニケーション障害の改善や妨害行動および反復行動の軽減において多くのASD児に効果をもたらしてきました。しかし，社会性の欠如をターゲットとした治療的介入は，まだ同じレベルの効果を上げていません。それどころか，ソーシャルスキルの弱さ，ASD者と関わる実践家にとって依然として支援上の最大の難題なのです。

　結論として，この本の内容が拠りどころとしているのは，ピアレビューを受けた調査研究および臨床試験からの経験的データ，既存のトレーニングマニュアル，ASD者と接した専門家の経験，この分野で働く同業者たちの経験，事例証拠，

そして私自身の理論的知識など，数多くの情報源です。必要な場合には，情報の出典を記載します。興味をお持ちの読者は，紹介する個々のアプローチに関する追加情報を，可能な場合にはぜひ集めてください。

各章の概要

　介入方法としてのSSTは，精神保健治療の分野では長い歴史を持っています。したがって，子どもに対する臨床活動を行うほとんどの実践家は，ソーシャルスキルを教えるのに従来用いられてきた技法の多くについて，基本的知識は持っています。そのような知識は，ASD児と関わる上で非常に役に立ちます。この本で紹介する個々の方略の多くは，ASDではない人たちのSSTに関する研究や臨床活動を改変したものです。また，児童期における定型の社会的発達のしかたや，ASDではない子どもの仲間との関わり方に関する信頼できる知識基盤が，ASD児童生徒の行動と比較するためのよい基準となります。この本に載っている方略は，ASDに頻繁にみられる学習の困難や特殊な課題に対処しやすいよう，ASD児に合わせて変更を施してあります。この変更内容は確証の中で取り上げられており，個々の方略をうまく実施した事例が挙げてあります。

　この本の確証には，ASD児のSSTのための幅広い実際的情報や提案が記されています。

　章の分け方は次のようにテーマ別になっています。

- 第1章　SSTの理論と背景：ASDに伴う社会性の主要な困難の重要点
- 第2章　ASDのソーシャルスキルの弱さに対する臨床アセスメント：社会化に影響を及ぼす可能性のある精神医学的問題
- 第3章　主な介入の種類の概要と，ASD児にソーシャルスキルを指導する際に加える重要な変更点
- 第4章　グループセラピーにおけるSSTのアプローチ
- 第5章　学校でのSSTのアプローチ：統合された教室環境において実施できる介入

- 第6章　主に臨床場面での使用を意図した方略
- 第7章　家庭におけるASD児のSSTの促進：社会的機能に影響する一般的な問題の克服
- 第8章　大人に向けてのプランニング：思春期後期，成人期における社会的能力に焦点を当てて

　巻末の「参考文献」の部分には，詳しい情報を知りたい人に推奨したい文献をテーマ別に掲載しています。附録には，実践家がコピーしたり必要に応じて変更を加えたりできる，未記入のフォームをいくつか盛り込みました。この本全体を通して，クライエントの問題と介入方略を示すために多くの事例を載せています。例が実際のケースに基づいている場合は，すべての個人情報に修正を加えました。フォームやワークシートは，現場で使用するためにコピーしてもよいですし，個々のクライエントや生徒が抱えるソーシャルスキルの困難に合わせて変更を加えてもかまいません。

　要するに，通常SSTは，ASD者の支援に用いる唯一の介入とするべきではありません。各クライエント特有の問題に対処するには，他の介入（例えば投薬，個人向けセラピー，親のトレーニングなど）も必要だからです。しかし，SSTは，ASDに特徴的な主要な社会性の困難に取り組むための，実際的な解決方法なのです。SSTは，他の多くの児童期の問題や精神的な障害に適用され，さまざまな度合いの効果を上げてきました。しかし，子どものソーシャルスキルと全体的な精神的健康については，二つの重要な「既定事項」があります。

1. 社会的相互作用のスキルの弱さは，機能の低さや精神的健康の予後の悪さと関連しているということ
2. 社会的能力は，全体的な適応のよさや予後の良好さと関連しているということ

　これら二つの原理は，定型発達児と同様に，ASD児にも当てはまります。

事　例

　「サマンサ」は攻撃性があったために，12歳になるまでに3度の入院を経験していました。どのときも，家族や仲間に対する攻撃行動によって入院させられたのでした。サマンサは過去に双極性障害（そううつ病）とADHDの診断を受けたことがあり，数種類の薬を処方されていました。

　6年生〔アメリカの中等学校の1年生〕のとき，サマンサは情緒障害クラスに振り分けられ，IEP（個別教育計画）を立てられました。主に通常クラスで授業を受けたものの，算数の授業では若干援助を受けていました。学校での勉強は概ねよくできましたが，社会性の面では問題がありました。サマンサは，小学校時代を通じて学校のカリキュラムの中でソーシャルスキルの指導を受けました。両親は，小学校の低学年の時は社会的な問題はなかったと話しました。仲間と適切に関わっていたし，両親が他の子どもと遊ばせる機会を数多く設けたし，学校で何人かの友達もいたとのことです。

　しかし5年生のとき，クラスの他の女児たちとトラブルが起き始めました。サマンサは，女児たちが自分をからかい，悪口を言うと不平を言いました。彼女は担任教師にそのことを言いつけたり，ときに教室から飛び出して泣きながら家に帰りたいと言ったこともありました。問題は6年生になるとエスカレートし，サマンサはより攻撃的な行動（物を壊したり仲間を威嚇してしまうような）に出るようになりました。

　サマンサに会って観察したスクール・サイコロジストは，サマンサが同じ年齢の仲間と関わるとき，年少の子どもが使う方法やスキルを用いていると結論付けました。例えば，昼食後にサマンサは外で「私と遊びたい？」と言いながら，3度ほど仲間に近づきました。1度目と2度目にサマンサが近づいた女児たちは遊んでいるのではなく，近くに寄り添って会話しているだけでした。3度目にサマンサが近づいた二人の女児は並んで静かに本を読んでいました。どの機会でも，サマンサは否定的な対応をとってしまいました（女児に向かって怒鳴ったり，走

り去ったりしたのです）。3度目には，サマンサは破壊的になりロッカーを蹴り始めました。

　包括的なアセスメントの後，サマンサは ASD と診断されました。スクール・サイコロジストは定期的に放課後サマンサを診はじめ，毎日，休み時間に彼女と「面会」しました。サマンサは感情抑制が難しく，数多くのソーシャルスキルの弱さを抱えていました。自分の感情を適切に仲間に表現できないことがたびたびありましたし，他者の感情の手掛かりを解釈することも困難でした。サマンサは，自分自身の感情が高ぶってきているとき，そのことになかなか気づきませんでしたし，自分の感情を抑えるための実際的な方略を持っていませんでした。それゆえ，たいてい過剰反応を起こし，その後それを後悔して，自己嫌悪と孤独感を募らせました――このようにして，社会的な困難がさらに悪化していくのでした。サマンサのために選ばれたトレーニング方法は，感情制御に取り組むこと，思春期の子どもにふさわしい社会的相互作用のスキルの指導（スキルの獲得）および練習（スキルの実行）でした。

● 第2章 ●

臨床的評価と
ソーシャルスキルのアセスメント

　この章では，アセスメントにおいて考慮すべき事柄とトレーニング計画の策定に焦点を当てます。第1章で議論したように，ASD に特徴的にみられる社会性の問題は広汎であり，深刻な支障をもたらします。しかし，臨床的ケアを受けに来る ASD 児が抱えている問題は，たいていソーシャルスキルの弱さだけではありません。

　セラピストや教師はかなりの頻度で，二次的な精神医学的問題を抱えている ASD 児と接します。このような問題は，社会性の発達に影響を与え，提供されたソーシャルスキル向上のための介入の効果を弱めかねません。したがって，隠れている他の問題や障害の評価を，インテークとアセスメント手順に含めるべきです。最初の評価時には，トレーニング期間中のソーシャルスキルの変化をどのようにして測定するかも考察した方が賢明です（トレーニングの進捗のモニタリング）。この章では，合併する障害のアセスメントと，ソーシャルスキルの弱さおよびトレーニングの影響のアセスメントについて論じます。

二次障害

　ASD と診断されたからといって，他の多くの精神障害から免れるわけではありません。診断基準はともかく，ASD 児が他の精神的な問題を抱えないわけではないのです。しかし，ASD 者の精神的な問題の多くは独特の現れ方をします。いくつかの問題は，ASD 者の間にきわめて多くみられ，機能と発達を著しく損

ないます。教職員は学校で最初にそのような（不安などの）問題を発見することが多く，セラピストは，ソーシャルスキルの向上に加えて，これらの問題にも対処せねばなりません。これらの問題は介入の焦点になるほど深刻な場合もあります。たとえそれが臨床紹介の主たる理由でなくても，社会的障害を悪化させるからです。ASDの二次的問題は，治療的対応が行われなければソーシャルスキルの改善の努力を妨げることが多々あります。例えば，ASDと全般性不安障害を併せ持つ少年について考えてみましょう。トレーニングの際，少年は集中困難・心配（健康，成績，家庭環境などに関する心配）により，指導者が教えている社会的接近の方略がなかなか学べません。言い換えれば，抑えられない不安によって，新しい学習対象に集中する能力や，セラピー中に「注意をそらさない」能力も制限されます。このような理由から，ソーシャルスキルの向上を目指すときは，二次的な臨床上の問題を考えておく必要があるのです。以下に，ASDと最も関連していることの多い精神医学的な障害と困難を簡単に説明します。

不安

ASDの人たちは正常な機能を損なうほど深刻な不安を非常に感じやすいものです。ある程度の不安は，誰でも感じて普通です。たとえ健康で適応性の高い人でも，特定の状況下では不安を感じます。"普通の"不安がなければ，夜にガラガラの駐車場で自分の車に歩いていくとき，私たちは十分に警戒しないかもしれません。また知らない人に無防備に近づいてしまうかもしれません。

しかし，慢性的な不安や，抑制できない不安，実際に存在する危険と不釣り合いな不安（例えば毒のない蜘蛛への極端な恐れなど）は問題となります。ASD児の不安に関する研究の最近の包括的概観では，ASD児の11～84％が支障を来すほどの不安を経験していることがわかりました（White, Oswald, Ollendick, & Scahill, 2009）ただ，大半の推定値は40～45％となっています。定型発達児と同様に，不安症状は発達とともに変化し，年少のASD児たちは特定の恐怖症を経験しがちであり，年長の子どもや思春期の子どもは強迫性障害や社会恐怖といった障害の症状を報告することが多くなります。

ASDでは，不安と社会性の困難の間に双方向的な関係がある可能性があり，不安はASDに特徴的な社会的な支障を著しく増幅させます。

　例えば，不安なとき，ASD児は一人でいることを好み，突然社会的状況から離脱するかもしれません。自分の限局的な興味に関わる行動に多くの時間を費やすようになり，感情が不安定または怒りっぽくなることさえあるかもしれません（例えばTantam, 2003）。多くのASDの若者は適切なソーシャルスキルを欠き，自分たちの欠点を強く自覚しているため，社会的状況はとくに不安を引き起こします（Kuusikko et al., 2008）。

　このような自覚からくる不安感は，私の同僚が「フリーズ」と呼ぶ反応を引き起こす一因にもなります。不適切な言動をすることを恐れるあまり，社会的状況の中では体が麻痺して動けないように感じてしまうのです。社会性の困難に対する自覚と，社会的学習に関する過去の不快な出来事によって，ASDの若者は非常に不安になり，適切な社会的関わりを行う能力があっても，関わろうとしなくなってしまいます。このような状況では，フリーズを「解いて」反応できるよう，よくリハーサルされた短い台本や非言語的な挨拶（微笑みながらのうなずきなど）を持っていることが有効となりえます。また，深呼吸や気持ちを鎮めるイメージのようなストレス軽減法も有効でしょう。言い換えれば，このようなフリーズ反応は，自分のソーシャルスキルの弱さに対する洞察や自覚に関係しているかもしれず，現実に基づいているのです。ASDの若者は，不幸にも，過去に仲間から，だまされる・いじめられるといった不快な社会的やりとりを経験してきている人がほとんどです。もし彼らが過去に友達作りで困ったことがあり，自分が意図せず奇妙または失礼なコメントをしがちであることを理解しており，そして，からかわれるなど不快な反応を体験してきたなら，自分がその後，もっと適切なスキルを身につけ，実際にそれを使えるということがわからないかもしれません。

　あいにく，不安の問題は見つかりにくかったり，ASDの診断自体から区別しにくかったりすることが多いのです。なぜなら，不安の問題を示唆する症候や行動は，必ずしも不安障害を示す典型的な行動のタイプとは限らないし（例えば，反復行動の悪化など）し，多くのASD児が感情的洞察を欠いているからでもあ

ります（不安や心配といった感情がわからないかもしれません）。

　さらに，不安と，感覚過敏または反復行動といったASD関連の問題の関係も見きわめにくい場合があります。よくある問題は，その行動が，ASDからくる反復性として概念化されるべきなのか，あるいはむしろ強迫性障害に関連する強迫として概念化すべきなのかを判断することです。

　不安障害の合併があるとき，私は通常，ソーシャルスキルの上達に直接取り組み始める前に，不安レベルを減らそうとします。それには二つの理由があります。一つは，トレーニングの初期段階である程度の成功を経験すると，自信が高まるだけでなく，セラピーやセラピストへの信頼も強まるので，トレーニングプロセスをさらに受容するようになることです。例えば，いったんエレベーターへの恐怖に打ち勝つ成功体験をすると，よりよいソーシャルスキル――例えば仲間によるからかいへの適切な対処など――を学習し練習するという，とても難しい仕事が，少しは耐えやすいものになり，さらに好ましい結果につながります。次のように考えてみましょう。社会性の困難は，ASD児のこれまでの人生にずっとあり続け，広汎に存在します。一方，不安の問題は，より強く感じられ，より直接的に苦痛をもたらします。したがって，ASD児は不安の問題の方が対処する意欲を持っている可能性が高いでしょう。それに，社会機能の改善という大まかな目標よりも，ASDの不安の問題の方が，通常は目立った改善を達成しやすいものです。

　もう一つの理由は，不安の問題というものが，十分に習得されたソーシャルスキルの実行さえ減らしてしまうということです。この注目すべき現象はたぶん社会恐怖に最もよく当てはまるでしょう。若いASD者は，スキルの改善を強く望み，適切なスキルを獲得するためにセラピーで一所懸命に努力しますが，仲間からの否定的な評価を恐れて，セッション以外ではスキルを練習しないのです。

　しかし，常に社会性の向上より先に不安がターゲットとなるわけではありません。ときには，ソーシャルスキルの向上を目指すことと不安に対処することは並行して行わなければなりませんし，ソーシャルスキルの向上が優先されることもあります。例えば，ASD児が社会不安に対処するために曝露療法に取り組んで

いるなら，曝露の効果を高めるために，基本的な社会的イニシエーションのスキルを教えられるべきかもしれません。もしASD児が，仲間の拒絶を引き起こすような社会的に不適切な行動を取っているなら，さらなる社会的曝露を促す前に，細やかな指導を通じてその行動に対処するべきです。

気分障害

気分障害は，思春期にある比較的高機能のASD児に特に多くみられるかもしれません。その一因はおそらく自己認識の高まりでしょう（Ghazinddin et al., 1998；Myles, 2003；Tantam, 2003）。最近の大人のASD者の研究をみると，社会性の障害があまり重くなく，高い認知機能があり，他の精神症状があるといった特定の要因が，うつ病への脆弱性を高めるようでした（Sterling, Dawson, Estes, & Greenson, 2008）。しかし，ASD者の初発の精神障害に関する縦断的研究では，児童期における知能，言語といった発達予後の予測因子と精神的二次障害の発症の間の関連は見いだせていません（Hutton, Goode, Murphy, LeCouteur, & Rutter, 2008）。それでもなお，介入の結果として社会認知機能が改善したASD児にうつ症状が現れる可能性を支援提供者は意識しておくべきです（Sterling et al., 2008）。

うつと躁の病相が特徴である双極性障害の診断が，ときどきASD児に下されます。実は，ASD者には大うつ病性障害より双極性障害の方が多い可能性があるといういくつかのエビデンスがあります（Munesue et al., 2008）。まるで全診断が双極性障害（過覚醒，感情的な反応性と感情の制御困難，強度の怒りまたは攻撃性）であるかのように見えるASD児も少なくありません。明らかな外からのきっかけがなくても急に腹を立てて，ときどき攻撃的になりうるので，10代のASD児は双極性障害であると誤診されるかもしれません。

一方で，両方の診断が正しいことも十分ありえます。残念ながら現時点では，臨床決定の根拠になるような，ASD者の双極性障害の症状やエビデンスに基づく鑑別的文献はほとんど見当たりません。両者の区別は困難かもしれません。洞察力の弱さ，言語の乏しさ，失感情症（自身の感情を描写する言葉を見つけられ

ないこと），一般的ではない感情表出のしかたといったものすべてが，ASD に二次的に存在する気分障害の同定を遅らせるかもしれません。ASD 者の気分障害の疑い，またはうつ病の子どもの長期にわたる社会性の弱さについては，さらに調査研究がなされるべきで，詳細な家族歴および子どもの感情の変化に関する両親の報告などの情報を集めるべきです（Hutton et al., 2008；Matson & Nebel-Schwalm, 2007）。

　もし気分障害の症候がある場合，セラピストは介入の実施期間中，その症状を追跡する必要があります。抑うつ症状は SST の効果を損なう可能性があります。ASD 者が改善する望みはないと感じたり，常に宿題を済ませてこなかったり，自己破壊的行為に走ったりする恐れがあるからです。さらに，うつの強さは ASD の障害の深刻さと関連しているという最近の研究結果を考えると，うつ症状を治療すれば，それが直接，ASD の障害の軽減につながるかもしれません（Kelly, Garnett, Attwood, & Peterson, 2008）。不安障害を合併している ASD 児の支援での優先順位と同様に，最初の目標として抑うつ症状の緩和を目指すと，多くの場合，有益でしょう。例えば，行動活性化と短期の認知行動療法を行うと，抑うつ症状が軽減して，ASD 児がスキル上達の努力をもっと受け入れるようになるかもしれません。場合によっては薬物療法もとても有効となりえます。どのようなアプローチを取るにせよ，気分障害に伴う一部の行動（自傷や自殺念慮など）の深刻さを考えると，たとえ気分障害がもはや臨床的関与の主要な対象ではなくなっていても，介入の実施期間を通じてそのような症状を注意深くモニターすることが必要不可欠です。

注意力の問題

　ASD の子ども（Ghaziuddin et al., 1998）は，ASD のない子どもたちと比べ，ADHD の症状をより多く示す傾向があります（Thede & Coolidge, 2007）。ADHD は，とりわけ前思春期の ASD 児に，もっともよく合併する障害でしょう（Ghaziuddin et al., 1998）。Sturm, Fernell, Gillberg (2004) は，知的障害を重複していない ASD 児のうち，95％が注意力の問題を持っており，約 75％が軽度か

ら重度までさまざまな程度の ADHD の基準を満たしていることを見いだしました。自閉性障害と ADHD の二重診断は認められていないにもかかわらず，このような発見があったのです（APA, 2000）。にもかかわらず精神疾患の診断・統計マニュアル（DSM）が ASD と ADHD の二重診断を禁じていたのは，過活動，不注意といった症状が ASD に非常に多く見られたからです。ASD の人々は一般に，精神的柔軟性・衝動抑制・制止といった領域での実行機能スキルが弱いということはかなり以前から認められています（Pennington & Ozonoff, 1996）。衝動性や社会的な脱制止がみられる ASD の子どもたちは，ASD の診断の前に，まず児童期早期に ADHD と診断されることがよくあります。

　ASD で不注意または多動の問題を持つ一部の子どもたちには，メチルフェニデートなどの薬剤が有効な場合があります。ただし，反応は ADHD の子どもに通常みられる反応より小さく，イライラなどの副作用がより多く起こります（Research Units on Pediatric Psychopharmacology Autism Network ［RUPP］, 2005）。行動療法的介入と育児・環境と関連した介入もまた助けになりえます。問題の深刻度により，ADHD の症状はソーシャルスキルに関する介入を困難にし，支援の成果を減じさせます。

　ASD と重度の ADHD の症状を持つ子どもはたいてい，処遇のセッション中に注意を払うこと，内容を理解すること，普段の環境でスキルの使い方を思い出すことに困難があります。このような理由で，支援の開始時に ADHD の症状の正確なアセスメントが重要になるのです。もし症状が支障をもたらすほどのものであるときは，適切な治療をしたり薬物療法のために専門家に紹介したりすればソーシャルスキルに関する介入の効果を高められるかもしれません。

　精神障害の合併だけでなく，その他の行動の問題も，ソーシャルスキルの使用と学校での社会的成功に影響を与えることがあります。これらの問題は，必ずしも診断可能な精神障害に相当するとは限りませんが，仲間と上手に付き合う妨げになります。知的障害（精神遅滞）はこのリストに含めません。この本の焦点は高機能の ASD 児だからです。アメリカ疾病予防管理センター（CDC）は，ASD の若者の 33％から 58％が，認知障害を持っていると報告しています（CDC,

2007)。知的障害の存在は，ソーシャルスキルの上達を目標にした介入の実施方法に影響を与えます。私はASD児がこのような問題を少しでも示すときはいつでも，その問題をトレーニングのプランに取り入れようと努めています。

社会情緒的な未熟さ

　学齢期および思春期のASD児の社会的・感情的な幼さは目を見張るほどです。普段ASD児と関わっているセラピストや教師でさえ，年齢相応の社会規範に対する理解の欠如ぶりには驚くことがあります。私がかつて支援した10代のASD児は，高校の英才教育プログラムを受講していました。彼の豊富な数学知識とコンピューターの使用能力はすばらしいものでした。しかし仲間がみなポケモンカードへの興味を失って久しいというのに，彼はよく自分の豊富なポケモンカードコレクションの話をしていました。ASD児は，知的機能のレベルと不釣り合いなことを言ったり，しばしば非常に未熟な反応を示したりします。この傾向は，若者の生活の中の多くの側面に反映されているかもしれません。例えば，自己管理や衛生管理スキルの低さや，デートまたは運転免許の取得といった一般的な楽しみへの興味の欠如，性的興味の乏しさ，友達というものに対する理解の未熟さなどです。

　未熟さは通常，性および恋愛関係の知識・関心において，特に明らかです。性的関心，デート，対人的な親密さ全般といった思春期のASD児のニーズについては，まさに一冊の本とは言わないまでも，一章全体を割くだけの価値があります。臨床的に示される問題は，控えめに言っても，とても多様です。ASDの若者の多くは，性的親密さといった問題がいかに繊細であるかを理解していないように見えます。一方では，性的関心が過剰であるように見える若者もいて，適切でないときに個人的な話題を持ち出し，悪気もなく露骨な言葉を用いたりします。かと思うと，性的興味と知識の観点からは同い年の仲間に何年も後れているように見える若者もいます。

　残念ながら，この領域の研究はきわめて稀です(Gabriels & van Bourgondien, 2007)．私自身の経験では，治療的関係のできるだけ早期に，対人的な親密さの問

題について確認しておくことが最も有効であると思われます。このような問題や行動に対処する必要があるかどうかをあらかじめ知っておく方が，トレーニングがだいぶ進んでから新たな出来事や予期せぬ発言に驚かされるより望ましいでしょう。もし性的未熟さの問題が支援に支障をもたらす恐れがあるなら，カウンセラーなどの指導者は，それらをソーシャルスキル向上のためのトレーニングプランに取り入れる必要があります。性の領域ほど繊細で扱いにくい問題はないでしょうが，それを見過ごせば，ASD 児や家族にとって不利益になります。

　とくに思春期の間は，性的な事柄と親密さは重要であると同時に発達段階にふさわしい問題です。ASD の若者が仲間の行動（他の少年が女の子について一般にどのように話しているかなど）を観察したり注意を払ったりする手助けをすることは，社会的比較の基礎を作るという意味で教育的なアプローチです。この問題に関する啓発書やビデオが，必要とされる構造化された教育になることもあります。もちろん，ASD 児の家族の宗教的信念・家族のルール（デートについて，デリケートな問題を話し合う意思についてなど）を含む価値観を尊重することもこの過程では重要です。支援においては，ASD 児が安心してこのような問題について指導者に質問したり，性的な悩みを相談したりできるようにする必要があります。親についても同じことが言えます。親は，何をすべきかについて葛藤している場合が少なくありません。一方では，わが子が対人的幸福を味わうこと，満足感を得られる人間関係，ひいては愛を経験すること，そして発達・成長することを望んでいます。しかし他方では ASD 児の親は通常，わが子がこのデリケートな領域でどのようにやっていくかについて相当な不安や恐れを心に抱いているのです。それにはもっともな理由があります。それは，ASD 児が不適切な行動をとる（例えば他者が示した手掛かりを誤解して行動する）リスク——他者に危害を加えたり，法的問題を起こしたりする可能性もあります——と同時に，社会的な未熟さから ASD 児がだまされたり性的搾取を受けたりするリスクがあるからです。

怒りと攻撃性

　ASD児や関連する障害を持つ子どもたちは，よく葛藤耐性の低さ，かんしゃく，自傷，他害などの行動の問題を示します。そのような行動は，聴覚過敏などの環境的刺激，ASD児に課せられた要求，歯痛などの内的刺激といった多要因から起こりえます。最近の研究ではASD児の27%が，権威に反抗したりすぐ論争したりすることを特徴とする反抗挑戦性障害の二次診断の基準を満たす可能性があることがわかりました（Gadow, Devincent, & Drabick, 2008）。攻撃性は，低機能のASD児にとってのほうが大きな問題かもしれません。そのような子どもは不満や怒りをより適応的な方法で表現する能力がないからです。いくつかの薬物療法（リスペリドン：RUPP, 2002）や行動療法（例えばRUPP, 2007）による介入がこういった問題を減じることに効果的でした。

　不従順な言動を減らすための，行動療法的な考えに基づいた構造化されたペアレント・トレーニング・プログラムは，最近，家族の意にかなうことがわかり，予備的結果は有効である可能性を示しています（RUPP, 2007）。そのような行動の問題があるときは，通例，ソーシャルスキル改善の努力を行う前にこちらに対処する必要があります。そのような行動は明らかに適切なスキルの使用や社会的統合を妨げるからです。

限定された興味と他と異なる行動パターン

　ASDの診断基準の3番目の領域は，反復行動と限定された興味です。ASDと診断された子どもは，この領域の顕著さに大きなばらつきがあります。重度の場合，反復行動が適切なソーシャルスキルの使用を妨げることがあります。例えば，クラスで繰り返し靴を脱いだり，履いたりせずにいられない小学校3年生の子どもは，クラスの活動にしっかり参加できませんし，仲間とのかかわりも楽には行えません。限局的ながらも強烈な興味・関心も，社会化に同様の悪影響をもたらしかねません。例えば，両生類に興味のあるASDの中学生は，学校で仲間とのかかわりを自分から始めるかもしれませんが，よく見ると会話の相手の興味に関

係なく，いつも自分の好きな両生類の話からかかわりを開始するということがわかったりします。その一方で，ある子どもは特別に興味があることについてあまり多くを語らないかもしれませんが，頭の中はその関心事でいっぱいなので，自分の社会的な世界の中で起こっていることに注意を向けられず，よそよそしく，人に興味がないように見えるかもしれません。以上の3つの例すべてにおいて，反復行動や限局的な興味は，ASD児が適切なソーシャルスキルを用いることを妨げるうえに，仲間から浮いてしまい，結果として仲間から悪い意味での注目を集めることが多くなるでしょう。

思考障害

歴史的にASDと小児精神病はほぼ同義と考えられてきました。言語の完全な欠損または完全に近い重い欠損，ソーシャルスキルの弱さ，奇妙な癖，非常に強烈な場合が多い独特の興味と信念は，精神病ととても似て見えることがあります。しかし，研究の結果では，ASDの人の方が統合失調症のような重篤な精神疾患や思考障害になりやすいということは示されていません。

ASD児が思考障害も持っていることもあるかもしれませんが，その頻度は稀です（例えばDossetor, 2007）。思考障害が考えられる症状が示された場合，クライエントの正式な診断や特定の薬物療法や治療的トレーニングをはじめる前に，家族歴の聞き取りを含む詳細な評価が必要です。私の臨床経験では，強烈な興味，とくにその子どもがほぼ絶え間なくその関心事について考えているときは，思考障害の症状（妄想的思考）のように見える可能性があります。

1つの話題に固執する傾向と，独特な話し方，そして周囲の状況を読むことの困難さが，次のケースに例示されています。高機能ASDである13歳の少年ジュリオは，長らく超自然的なものごとに強烈な興味を持っていました。彼は死後の世界や生まれ変わりについての本を熱心に読み，このテーマに関するビデオも大量に持っていました。非常に信心深い彼の両親は，彼が精神病ではないかと心配し，治療を受けに連れていきました。ジュリオは神の声が聞こえると主張し，ある人が死後に生まれ変わるか，それともその人は「悪人」なので地獄に行くかを，

自分は言い当てられると長々と語りました。より詳しく質問されると，ジュリオは，もし誰かが嘘をつけば，その人には来世はない，嘘をついたからその人は悪人なのだと説明しました。彼はこの信念を，数カ月前に読んだ宗教の本の内容と関連づけていました。ジュリオがこの信念について両親にたずねると，嘘は悪いことだと両親は同意しました。

彼が聞いたという声についてたずねると，声が聞こえるのは，してはいけないとわかっていることをしたくなったときや，どうしてもそうしたいときだと答えました。例えば，母親にダメだと言われたのに，もう1枚クッキーを食べることなどです。

評価者は，ジュリオには実際に幻聴があるわけではなく，自分の内的な自己指導の考え（例えば「クッキーをこれ以上，食べてはいけない。ママがダメだと言ったじゃないか」）を，普通とは異なる外的なものとして参照しているのだと考えました。その声は持続的なものではなく，ジュリオが適切な判断や決定をするのを助けているようでした。このケースでジュリオが示した思考障害を疑わせる行動は，ASDによるものと考えた方が説明しやすいように見えました。すなわち，信念やルールの硬直性（嘘は常に悪いことで，地獄行きにつながる），限局的で強烈な興味（宗教や死後の世界），そして文字通りに解釈する傾向（もしかしたら比喩かもしれない本のメッセージを広範に適用してしまう）です。

ソーシャルスキルのアセスメント

子どものスキルの弱さと支援の進捗を評価およびモニターする最良の方法を決定することは，困難ですが重要です。介入を開始する前の入念な評価と，支援の進捗に対する注意深い継続的モニタリングを行うと，以下の重要な問いへの答えがわかるので，支援プロセスの道しるべとなるとともに，セラピストに情報を与えてくれるでしょう。

- その子どもが最も学習または練習する必要がある具体的なスキルは何か？

- 介入はどれだけうまくいっているか？
- 「ギアを切り替えて」，何か新しいことを試すべきときか？

　ソーシャルスキルとその弱さをアセスメントするのに利用できるアプローチとツールはいろいろあります。しかし，ASDの若者に対する唯一の「最高のアプローチ」については合意がありません。次に述べるのは，検討する価値がありそうな，より一般的なアセスメント方法の一部です。

行動観察データ

　子どもが社会的に適切（または不適切）なスキルを使用するかどうかは，行動観察を用いた方法でアセスメントできます。これらの観察的アプローチには，高度に構造化され様式化されたものもありますし（決まった時間内での特定の行動をコード化することなど），まったく様式化されていないものもあります（昼休みにその子どもが仲間とどのように行動するかに関する質的データなど）。

　観察評価の一つの方法は，「機能的アセスメント」です（Iwata, Dorsey, Slifer, Bauman, & Richman, 1982）。オペラント学習理論に基づいた機能的アセスメントは，特定の変数が，標的行動の一因となるのか，または，仲間に対するイニシエーションのようなポジティブな行動を妨げるのか，どちらなのかを同定しようとします。このアセスメント方法は，とくに学校で有用です。

　次の例を考えてみましょう。ある教師が，クラスの生徒の機能的アセスメントをスクール・サイコロジストに頼みました。なぜなら，その生徒が大声で動物の鳴き声を真似（例えば牛のように「モー」と鳴く），他の生徒を混乱させ，悪い意味での注目とからかいを引き起こすのはなぜなのかを理解したかったからです。心理士は，別々の日に30分ずつ2回，生徒の観察を行いました。心理士は基準となる発生頻度を知るために生徒が標的行動（動物の鳴き声を真似る）をとる回数を記録し，標的行動の前の出来事（クラスの他の生徒を見ているなど）と，行動の直後の出来事（やめるように教師が言い，仲間が笑うなど）に関する追加情報を集めました。標的行動に先立つ出来事とその行動の結果に基づいて，心理

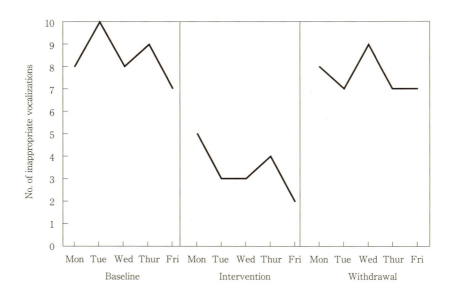

図 2.1　他行動分化強化による介入の例

士は，標的行動についてある仮説を立てました。この例では，生徒は教師と仲間の注意を引くために，動物の声を発しているというものです。

　仮説を検証するために，心理士は，興味を引く変数を操作し，標的行動に影響があるかどうか観察しました。この場合には，その生徒が座って静かに勉強をしているときは多くの注意を向け，声を発し始めたら必ず無視するよう，心理士は教師に求めました。この例は「他行動分化強化」の原理に基づいた介入です。いったん標的行動に関連した変数が特定され，機能的アセスメントから導かれた仮説に基づく介入が完了したなら（教師がその生徒に分化強化を与えたら），フォローアップの観察で，介入が不適切な行動を減じることに成功しているかどうかを判断します。もしその行動が継続しているなら，さらなる観察と介入を行います。

　図2.1は，他行動分化強化に基づく介入実施中の観察から集めたデータをグラフ化した例です。特定の授業時間（例えば算数）の不適切な発言回数が記録されています。最初の期間（基準）は，他行動分化強化の実施に先立つ週の算数の授業における不適切な発声の総数を示し，次が介入（第2週），その次が介入中止後の発声のパターン（第3週）を示しています。

グラフに描かれているように，介入の開始後に不適切な発声は減少しましたが，教師が生徒の発声に再び注意を払い始めると，発声は基準に近いレベルまで戻りました。教師が他行動分化強化を始めた後，標的行動の減少が観察から明らかにならなかったら，問題行動の維持を助長している要因について異なった仮説を立てる必要があるでしょう。

　機能的アセスメントを含む観察を用いた方法について一つ注意してほしいのは，個人的偏見がスキルの向上を実際以上に大きく見せる場合があるということです。人は意図せず，行動に間違ったラベルを貼ったり（子どもの言葉を，会話を遮るものと見なすのではなく，仲間に対するイニシエーションととられることなど），うっかり不適応行動を見逃したりすることがあります。主観的な偏見は観察法を含む多くのタイプのアセスメントに影響しうるのです。アセスメントを行う者と観察者は，可能な限り，支援の結果自体に責任を負ったり関係したりするべきではありません。先ほどの例では，教師は介入に直接関わったので，アセスメントを行いませんでした。さらに，教師はクラス全体を教えることに集中し続ける必要があったので，特定の生徒の行動に関する詳しい情報を集めることはできませんでした。この条件は臨床場面にも同様にあてはまります。すなわち，支援を行うセラピストは，クライエントの行動の観察に基づいて支援の進捗を判定する責任を，たった一人で負うべきではありません。行動の改善のために多くの努力を注いでいるので，実践家には客観的な観察者より多くの改善が「見えて」しまいがちなのです。

　第三者の観察者を使用することにより，バイアスのかかった観察を減らすだけでなく，観察はできるだけ目立たないよう実行することが大切です。そのためには，アセスメントを行う者は，他の部屋からワンサイドミラーで観察するか，最低でも，部屋の隅から相互作用を観察して，対称生徒がアセスメントを行う者の存在になれる時間を十分とる必要があります。真の変化が起こったかどうかを判断するための，使用できる有効な基準データを集めるためには，観察対象の行動は安定していなければなりません。そうでなければ，その変化が介入によるものなのか，それとも新たに現れた観察者の存在といった何か他のことによるものな

表2-1 ジャスティンのソーシャルスキルの弱さの機能的アセスメント

日時	子どもの行動（観察および測定可能な表現で描写する）	先行事象（行動の直前に何があったか）	結果事象（行動の後に何が生じた。保護者や兄弟の反応も含む）	家族機能に対する影響（不安を発生または維持させた原因についてのあなたの考え）
12月7日（金）3:30P.M.	ジャスティンが弟を怒鳴り、自室に入ってドアをバタンとしめた。	スクールバスを降りて、家に入った。私は彼に服を着替え、物を片付けるよう言った。	私たちはジャスティンを約1時間一人にした。その後、私は彼と話すために部屋に行った。	弟は腹を立て、家族全体が緊張した。私は怒り、彼を心配した。仮説：ジャスティンは学校で一日中いた後とてもストレスを感じたので一人リラックスする時間が必要だった。
12月10日（月）7:00A.M.	僕は母に文句を言い（怒鳴ったり、罵ったりし）、母が僕に話しかけている間に立ち去った	母が、制服に着替えなさい、学校に遅れるよと言った	特になし－結局、学校には行かなければならなかった。でも、母は僕に腹を立て、僕は母を怒鳴ったことを後悔した。	母は後悔したり、僕は後悔した。仮説：バスが来ていることはわかっていた。母に思い出させてもらう必要はない

のか，判断できません。

　応用行動分析の分野では，ASD児に機能分析的アプローチを用いてきた長い歴史があります。このアプローチおよびこのようなアセスメントの行い方について詳しく知りたい読者は，ハンリー，イワタおよびマッコード（2003）を参照してください。ASD児やその両親と共に行える，あまり構造化されていない，改変した機能的アセスメントの例は附録のフォーム1に示されています。このフォームは，トレーニングのセッションの初期に記入すると，その後，介入の選択の参考にできます。

　セラピストは，社会性の問題（生徒の行動）だけでなく，行動の前後の出来事についての情報も，できるだけ詳しく集めるようにします。私は，このフォームを親と子ども両方の前で記入し，両者の視点を得ることが，通常，とても有益だと考えています。注意深い観察と，関連データの収集の過程を家族が理解したら私はよく，次のセッションまでの宿題として，親と子ども両方にさらなる機能的アセスメントをしてもらいます。表2-1は，14歳の「ジャスティン」について記入してもらった機能アセスメントフォームの見本です。1日目の記録はジャスティンの母親によるもので，2日目はジャスティン本人によるものです。記録されている行動のいずれにも言葉による攻撃が含まれています。おそらく，学校に対するジャスティンのストレスや不安に関連していると思われます。

評価尺度

　紙と鉛筆を用いる評価尺度は，たいてい15分以下の短時間で記入できるので，便利ですし，ある子どものソーシャルスキル機能を他の子どもたちの機能と比べる基盤になります。通常，この評価尺度は，親や教師など，その子どもをよく知っている人が記入します。

　親の報告によるソーシャルスキルの量的尺度で最もよく使われるのは，SSRS（ソーシャル・スキル・レイティング・システム）かもしれません（Gresham & Elliott, 1990）。SSRSは，定型発達児の社会的行動の困難を検査するために開発されました。ASD児に用いるために作られたわけではありませんが，SSRS

はスキルの変化を評価するために調査研究で広く使われてきました。しかし，ASD児における支援の進捗を検知する能力は確証されていません（White et al., 2007）。

SRS（社会反応検査；Constantion & Gruber, 2005）は，スクリーニング目的に使用できる，社会性の困難の深刻度を次元的に測定できるスケールです。全体的な機能指標に加え，SRSは，トレーニングの結果として起きた変化をアセスメントするための，トレーニングに関する5つの下位尺度も備えています。もう一つのASD専用の尺度はASSP（autism social skill profile；Bellini & Hopf, 2007），これはもっぱらASD児の現在の社会的機能レベルに焦点を当てています（反復行動といったASDの他の中核的症状は扱いません）。ASSPは，支援計画の策定やASDに特有の困難に関する情報提供に有用でしょう。まだ市販されてはいませんが，ASSPの使用に関する予備調査の結果は期待が持てるものでした（Bellini & Hopf, 2007）。

しかし，ASD児の社会性の弱さの程度をアセスメントし，その後のトレーニング中の変化を追跡する「最良の」評価尺度について，はっきり勧められるものはありません。たとえば，SRSは，トレーニングの結果の調査に使用されてある程度の効果を示してきました（Whito, Koenig, & Scahill, 2010）が，SSRSほどは広く認められていませんし，知られてもいません。セラピストはどれでも一番使いやすいと思う測定方法を使ってかまいませんが，もし，示された結果が他の変化の指標——親の観察データや事例報告など——と一致しないことが判明したら，第二の尺度を使うことも考えた方がいいでしょう。

面接

ASD者の社会的機能のアセスメント用に特別に作られた，市販の構造的面接フォームは現在はありません。しかし，半構造的な臨床面接はソーシャルスキルの向上のアセスメントに有用な場合があります。臨床場面では，この面接が，支援のはじめに行われる一次アセスメントになるかもしれません。ASD児の面接を行うと，その子どもがあまり親しくない人の目にどう映るかについて貴重な情

報が得られますが，主な短所は，仲間との相互作用についての詳細な一次情報が得られないということです。親面接は，学校での問題や，ASD児のこれまでの友達関係を含めた社会歴に関するデータを集めるのに有用です。面接はおそらく，トレーニング中の変化を客観的に評価することよりも，むしろトレーニングの内容を左右するデータを集めることに有用なものとなるでしょう。もちろん，支援期間を通して，親・ASD児両方にセラピーの印象と，進捗状況に対する感想をたずねるべきです。附録のフォーム2は，ASD児と親に対して使えるとても短い社会歴面接フォームです。ASD児の主訴により，特定のテーマについてさらに情報を集める必要があるでしょう。

質的なソシオメトリック（社会性を測定する）データ

　ASD児の社会的地位についての質的で記述的な情報は，面接の捕捉として，最終的に選ぶ介入法を決定するのに利用できます。ソシオメトリック・データを集めるために，セラピストは教師に，ASD児がどれだけ好かれているか，クラスに親友がいるかどうかをたずねるとよいかもしれません。ASD児がどのように仲間に受け入れられているかという情報と，その子どもの社会的地位（無視されている，拒絶されているなど）に関する情報は，トレーニングの目標を左右することがあります。

　他の有用な情報には，ASD児の遊ぶ約束の頻度，つまり学校外で友達と会う頻度があります。ただし，両親が段取りをつけた遊びの約束は，ASD児がきっかけを作った遊びの機会とはかなり異なるということに気をつけなくてはなりません。仲間による社会的地位の格付けといった，正式なソシオメトリック評価は，時間がかかり，概して研究目的で使われます。しかし，ASD児が日々仲間と持つ社会的経験，そして仲間との友達関係の量と質についての情報を集めれば，社会的機能に関して，実態に比較的近い現実的指標が得られます。

　社会的地位のデータに加えて，介入に対する受容度ついての情報も，ASD児と親，両方から収集するべきです。もし，家族か親かASD児が，介入アプローチに賛同していなかったり，ASD児にはセラピストの求めることができない

「構造性」：このアセスメントは一般的にどれだけ構造化されているか

「データの質」：ツールがもたらすデータの量と質（詳しさ）

「バイアス」：報告者またはデータ収集者のバイアスがデータに影響を与えるリスク

「時間」：そのアセスメントに要する時間

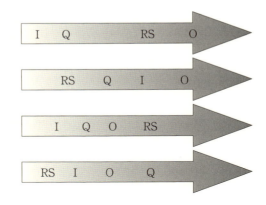

ツールは各属性の度合い（高低）で評価されます
O：観察的ツール
RS：評価尺度
I：面接
Q：質的データ，ソシオトリック・ツール

図 2.2　各種のソーシャルスキル・アセスメント・ツールの属性

と思っていたりする場合，ソーシャルスキルの改善は達成できないでしょう。ASD 児と両親がセラピストと「同じ認識でいる」こと，そして援助者の能力にある程度の信頼があることが必須なのです。私の経験では，とくに学齢期と思春期の ASD 児にとって，この絆が支援のはじまりに確立されることが重要です。なぜなら，彼らはしばしば，過去に学校や地域のセラピストを通じて，他のプログラムを受けてきたからです。私は，過去にその子どもがどのような方法を試したか，それがうまくいったかどうか，何が好きで何が嫌だったか，今回は何が変わってほしいと思うかをよくたずねます。このような個人的好みにかかわらず，ASD 児と親が介入を気に入る程度は，必ずしも観察された実際のソーシャルスキルの向上とは関係してません（例えば Provencal, 2003）。

　観察的ツール，評価尺度，面接，質的／ソシオメトリックデータとツールという 4 種類のアセスメントを，構造性，データの質，バイアス，時間という 4 つの属性の面から描写したのが，図 2.2 です。この評価は，そのツールを使った私自身の臨床，研究経験に基づいているため，かなり主観的です。4 つの属性それぞれについて，各ツールを他のツールと比較して評価しています。間隔ではなく，

順序による格付けです。もちろん，1種類のツールの中にもさまざまなものがあります。例えば，高度に構造化された面接もありますが，ほとんどの臨床インテーク面接は標準化されていません。同様に，ASD児の遊びの約束の頻度についてたずねることは（質的データ収集の一形態），クラスでのASD児の社会的地位についての様式化されたアセスメントと比べほとんど時間をとりません。

　特定の状況やASD児にどのアセスメント方法を使うかを決めることは，難しい場合があります。使う方法の組み合わせを選ぶ際は，次のアドバイスを参考にしてください。

- 複数の情報提供者を活用する。
　子どものソーシャルスキルは，可能な限り，教師と親両方といったような複数の情報提供者を使ってアセスメントすべきです。
- いくつかの測定ツールを使う。
　複数のアセスメント方法（例えば評価尺度と面接など）を使う方が，たいていは一種類だけの測定ツールに頼るより優れています。
- 多様な状況での情報を集める。
　ASD児はスキルの般化が困難です。つまり，セラピーなど一つの状況で学ぶスキルを，学校・家庭など他の状況に適用するのが苦手なのです。したがって，セラピストはASD児が家庭と学校でどのように行動しているかをよりよく理解するために，親とASD児の担任教師両方からの評価尺度と面接のデータを得るのが賢明です。
　ASD児の社会性の困難の性質について集めたデータに基づき，対象ASD児のおおよその人物像の「概念化」を作成します。これはトレーニング期間中に介入やモニタリングを行う際の参考に使います。このような概念化のフォーマットの一例が，表2-2に示されています（未記入のフォームは附録のフォーム3にあります）。このASD児の概念化は，学校かクリニックかといった介入の環境や，集団か個人カウンセリングかといったトレーニング形態により，必要に応じて変更を加える「ひな形」として使えるでしょう。

表 2-2　ASD 児の概念化

名前：JB 親（両親）：Ms.B 年齢：15 連絡先： 12A McAthur Street Anytown, VA 12345 PDD-NOS (ASD)	診断（利用可能な全データに基づく） Axis I 特定不能の広汎性発達障害（ASD） Axis II なし Axis III なし Axis IV 学級困難，最近，いとこが死去 Axis V 64
ソーシャルスキルに関する不安 （最も重篤な順。観察，臨床面接・他のアセスメントに基づく）： 1. 仲間が彼女のやり方で物事を見ないとき，苛立つ 2. 独り言のような話し方―他の人々をイライラさせる 3. 学校のルールについて柔軟性がない 4. 社会的孤立，孤独	主なソーシャルスキルの弱さ（親の報告）： 1. 他の人に関する会話 2. 会話に関する手掛かり，とくに終わりの手掛かりに気がつかない 主なソーシャルスキルの弱さ（子どもの報告）： 1. 友だちがおらず，一緒に昼食をとる相手がいない 2. 学校の生徒がルールに従わず，私は気になってしまう
選択されたソーシャルスキルの目標（処遇の中で最初に目指す1つか2つの目標）： 社会的柔軟性の改善（他の人がルールに従わなくても受け入れること）；相互的会話の改善	
引き金と維持する要因に関する仮説（観察，親の報告，アセスメントの結果）： Jは自分は黒か白かの思考をしがち（例えば「私の方法が唯一正しい方法だ。他はすべて間違っている」）で，非常に強い興味を持っている対象がいくつかあり，それについては喜んで話す。新しいスキルを仲間と練習する機会は，日常生活の中では限られている。	
介入方略： 認知行動療法―認知再構成，柔軟性のスキルの改善，会話スキルの練習（とくに相互性，傾聴），欲求不満を抑えるためのリラックス法（例えば：自己会話）	
モニタリング計画（使用するアセスメント方法，アセスメントの頻度） SRS（前，中間，終了時），親・子どもの面接，臨床的観察，教師の報告（電話による）	処遇や解決への潜在的障害： 自分自身に対する非常に高い基準；柔軟性がない，（家族とともに）まだいとこの死を悲しんでいる（不完全さについて宿題で練習する，家族に対する悲嘆のカウンセリング）
クライアントの強み／関心： 聡明，友だち作りに対する意欲，熱心に支えてくれる家族	

私は，トレーニングと，同意されたトレーニングの目標に対する考え方を確実に共有するため，ASD児の概念化を両親だけでなく，たいていはASD児にもよく見せます。

事　例

　「マリア」はこれまでずっと天気に興味を持っていました。思春期早期に，この関心が大きな不安の源になりました。マリアが一人で家にいるとき激しい雷雨があり，それ以降，彼女は雷雨と暴風をひどく怖がるようになりました。それ以降，彼女は毎日，天気予報専門のチャンネルを見はじめ，天気のパターンを研究はじめました。彼女は大きな嵐を恐れ，嵐に対する心配を抑制することがとても困難でした。この不安によって，家庭内の人間関係が損なわれるとともに，マリアは社会的活動を拒否するまでになりました。

　彼女はたびたび，天気は悪くならないと両親に安心させてもらいたがり，天気が悪くなる可能性が少しでもあるときには家を離れることを拒み，もし嵐の予報が出たら，仕事から早く帰るよう両親に懇願しました。マリアには決して多くの友達はいませんでしたが，教会で知り合った比較的親しい友達が二人いました。一度，友達といるときに稲妻を伴う嵐になり，マリアは慰めようのないくらい動転しました。マリアは，二人がこの出来事を覚えていて，自分を冷たい目で見ていると確信していました。そのため，マリアは二人が会おうと言ったり頼んだりしてきても，一緒に過ごすことを拒否しました。マリアの恐怖と，その恐怖による全般的な恥の意識が，年齢相応の社会的関係をもつ能力を大幅に制限し，それによって両親も苛立ってしまいました。

　両親が繰り返し安心させようとしたにもかかわらず，マリアの恐怖はそれだけでは減じなかったので，両親は最終的にマリアにセラピーを受けさせました。

　マリアは，特定不能の広汎性発達障害——この診断はすでに過去に下されていました——という一次診断だけでなく，特定の恐怖症の自然環境型の基準も満た

していました。マリアの心理セラピストは，特定不能の広汎性発達障害と不安問題の程度について彼女と両親に教育を行いました。彼らは，マリアの不安が友達や家族との関係にどのように影響を与えるかを話し合い，曝露療法（コラム参照）を含んだ認知行動療法（コラム参照）を行うことに同意しました。恐怖症の改善のため曝露療法が行われましたが，両親は，マリアの対処の努力をサポートしながらも，彼女が不安なとき繰り返し質問してきても，安心させる言葉を言わないように依頼されました。そのような対応は不安の軽減に一次的にしか役立たないからです。

　認知行動療法は，マリアが抱いている二人の友達についての信念と思い込み，そして自分が二人にどう思われているかについての信念と思い込みを改善するために行われました。マリアは，嵐のときに自分が動転してしまったことを二人がたぶん気にしていないか，もしかしたら覚えてさえいないかもしれないということを受け入れました。最終的に，マリアの不安は，友達ともっと頻繁につき合い始められるまでに和らぎました。

コラム　曝露療法 (Exposure Therapy)
　恐怖や不安状態のあるクライエントに対して，その状況に自ら入り込んでいく療法です。パニック障害やPTSD（外傷性ストレス障害）のクライエントなどに使用されることが多く，実際にそのような状況に入っても大丈夫だという経験をさせることによって，恐怖感や不安を取り除いていく治療法です。

コラム　認知行動療法
　物事を理解する「認知」という側面と学習理論に基づいて行動を修正する行動理論を組み合わせた療法です。躁うつ病，パニック障害，強迫性障害，摂食障害などに有効とされていて，頭の中に浮かんだネガティブなイメージ（自動思考）を良い考えに変えていく治療法です。

● 第3章 ●
介入の種類と，ASDに併せた改変の方法

　SSTは，目新しい介入方法ではありませんし，ASD特有の支援方法というわけでもありません。実践家や教育者たちは，これまで何十年もの間，子どもや青年たちのソーシャルスキルを改善するプログラムを開発し実施してきました。しかし，ASDやそれと関連した症状をもつ若者たちへの介入を行う場合には，特定の改変を加えると，それをより効果的に実施できます。

　この章では，ASDの生徒たちと取り組んでいくときに一般的に役立つさまざまな種類の介入とその改変のしかたを概観します。個々の介入と方略については，次章以降で詳しく見ていきます。この章で行っている提案は一般論であり，ASDの人たちにとって「概して」何が有効かということに基づいています。ですから，個々の子どもの支援計画を作成するにあたっては，その子どもの学習スタイル，持っているかもしれないあらゆる処理障害，その他の懸念される臨床的問題に配慮する必要があります。

介入の種類

　ASDの幼児向けのソーシャルスキルプログラムに関する研究の質的レビューで，McConnell（2002）は，介入方法を，5つのカテゴリーに大別しています。
　(1) 環境調整
　(2) 特定の子ども向けの介入方法
　(3) 関連するスキルを育てる介入方法
　(4) 同年代の仲間を媒介とするプログラム

(5) 包括的プログラム

こうしたカテゴリーにしたがって介入方法を考えれば，特定の子ども向けまたは複数の生徒（グループ）向けの介入を計画するときに，役立つでしょう。

表 3.1 には，これらの各カテゴリーに該当する介入方法の具体例が示されています。表 3.1 のほとんどの例は，教育現場に適用されるものです。ここに挙げられた利点と欠点は，研究結果および現場での経験に基づいています。

環境調整は通常，その生徒の教室やその他の環境に対して行われる，社会的機能の改善を促すと思われるような変更を意味します。例えば，ASD の生徒の席が社会的スキルの発達した仲間のそばになるよう意図的に配置したり，その子の目標となっているソーシャルスキルの練習を後押しするような，視覚的な表示を教室内に貼ったりすることがそれに当たります。特定の子ども向けの介入方法では，1 対 1 での直接的な指導を行い，一般的には生徒が持っている個々のスキルの弱さに焦点をあてます。対照的に，関連するスキルを育てる介入方法では，直接的に特定のソーシャルスキルは教えません。そのかわり，社会性の発達を促すような関連したスキル（例えば，言語の発達など）を重視します。同年代の仲間を媒介とするプログラムでは，仲間を参加させ，(教えることやモデルを示すこと，強化することなどを通して) ASD の子どもたちに，ソーシャルスキルの使用を促します。最後に，包括的プログラムとは，(例えば，直接指導と言語の発達を促すことを組み合わせるなど) 複数の教育的アプローチを同時に統合して，最大限に効果を得ようとするものです。

一般的に，2 種類以上のアプローチを利用することが有効だと判明しています。例えば，ある小学生には，特定のソーシャルスキルの問題点に取り組むために，その子の IEP（個別教育計画）に環境調整が組み込まれ，しかも，より構造化されていない時間（例えば，体育の授業など）には，ピアバディ（障害を持つ子どもをサポートする同年代の生徒・仲のいい友人）が一人，割りあてられているかもしれません。その子は，同時にまた，スクールカウンセラーから個別の SST を受けているかもしれません。

「エモリー」は 4 年生で，同級生と一緒にいることは楽しんでいましたが，関

第3章 ● 介入の種類と，ASDに併せた改変の方法 | 61

表 3.1 介入方法の5つのカテゴリー：利点と欠点，そしてそれぞれの具体例

介入方法	利点	欠点	具体例
環境調整	いつも仲間たちが近くにいるので，社会的交流を促す可能性がある	これだけを単体で行う介入としては，しばしば現実的ではない	・対象となる子どもが，ソーシャルスキルの発達した，親しみやすい仲間たちと一緒に「固まって」座れるように，教室の机を並べる ・授業中の（例えばひとつの話題から次の話題への）移行を予測できるものにする
生徒に特定した介入方法	特に，スキルを習得するのが難しい場合は，必要なスキルをピンポイントで教える必要性があり，実際にそうすることができる	使えるスキルが限定的になりやすい。ただし，クラスメートと一緒に行うとで役立つ場合もある	・クラスメートたちと会話を始めるために，先生がリマインダー（プロンプト）を与える ・スクールカウンセラーが一日の終わりに対象児と会い，目標のソーシャルスキルを復習し，対象児がその日にできたかどうかを確認する
関連するスキルを育てる介入方法	生徒の自然な環境や学校状況に容易に結びつけることができる	必要なスキルについてのわかりやすい手助けがなければ（例えば，グループでの仲間との作業など），その子は苦労するかもしれない	・クラス全体で演じる芝居を作り，生徒がおの役を演じる。 ・学科のプロジェクトを協力して行う小グループを作る（例えば，ビデオゲームについてのプレゼンをクラスで行うなど）
同年代の仲間を媒介とするプログラムを使う介入方法	仲間からの促しやフィードバックは大人からのものより，より強力で意味のあるものになる可能性がある	その仲間の子に，しなくてはならない義務があるように感じさせてしまい，他の生徒にASDの子どもを「特定し」，暴露してしまう可能性がある	・ソーシャルスキルの発達したクラスメートを特定し，どのようにすればASDをもつ本人とより言語的なコミュニケーションができるようになるか教える ・その子と興味が共通の，同年代の仲間との，放課後の社会的グループを組織する（例えば，海洋生物学クラブなど）
包括的プログラムを使う介入方法	単独の介入アプローチより効果的な可能性がある	助けになったとしても，理由がわかりにくい。つまり，介入のどの点が重要だったのかを決定するのが難しい；それに，計画にも，より時間がかかるかもしれない	・その本人への直接的なソーシャルスキルの指導と仲間からのコーチングを統合する ・教室全体に直接的にソーシャルスキルを指導し，グループに分かれて自由時間をすごす

わられすぎたり，勉強が難しすぎたりすると，すぐに圧倒され，興奮してしまうことがありました。彼は個別教育計画により，校内で，特定の配慮を受けていました。文字を書くことが苦手で，課題をこなすスピードが遅いために，筆記課題を助けるキーボードが用意され，授業中にする課題のほとんどを短縮してもらっていたのです。しかし，これらのさまざまな問題のせいで，彼は不安と怒りを強く感じ，そのために，同級生と社会的にうまく関わりあうことができませんでした。体育と自習の時間には，エモリーは，ソーシャルスキルが発達していて彼の苦手なことをよくわかっている，あらかじめ選ばれたピアバディと一緒に取り組んでいました。ピアバディは，エモリーが同級生の輪の中に入ることが必ずできるようにし，まわりとの適切な交流をするお手本を示しました。授業中は，教師が，ピアバディに，エモリーを助ける方法に気づかせ，エモリーと適切な関わりができるようにしていました。週に2回，エモリーは，授業の前にスクールカウンセラーから30分のソーシャルスキルの直接指導を受けていました。

　エモリーの場合は，(1) 環境調整，(4) 仲間を媒介にするやり方，(2) 特定の子ども向けの介入方法の3種類の介入アプローチを統合しているわけです。介入方法の形態もさまざまです。つまり，トレーニングは1対1（セラピストと生徒）でも，グループ形式（一度に二人以上の生徒）ででも，組織単位（例えば学級単位でなど）でもできます。

ASDの人向けに介入を改変する

　どの種類の介入方法を選ぶ場合でも，やり方次第で，ASD児たちがソーシャルスキルをより上手に習得し，そのスキルをよりうまく実行できるようになります。そのようなやり方の例を以下に挙げます。

- 高度な構造化（コラム参照）とルーティン（決まった手順）
- 介入の「投与量」
- 安全で養育的な環境

- 仲間の参加
- スキルトレーニングをその子どもの弱い分野に合わせること
- 自然な環境を用いること

構造

　ASD児は，一貫性があることと予測可能であることを好みます。ASD児の場合，次に何が起きるかがわかっていれば，介入の進行を妨げる行動上の問題を軽減することができます。実際，何が起きるかも，どのようにふるまえばいいかもわからないと，不安を引き起こし，その子どもの学習過程への集中を妨げ，介入の成功の可能性を削いでしまうでしょう。実施される介入がどのようなものであれ，その子どもに明確な構造を提供すると効果的です（White et al., 2007）。ここでいう構造とは，トレーニングセッションを通しての一貫性や，毎回のトレーニングセッション内でのルーティン（決まった手順），そしてその子どもにとっての予測可能性です。構造をもたらす簡単な方法の一つは，各セッションのためにあらかじめ決めておいた同じスケジュールをセラピストが守るということです。1回のセッションは，次のような要素を順番にこなしていくとよいかもしれません。お集まり，ウォーミングアップ，宿題の確認，現在学んでいるスキルの指導と練習，その週の課題の発表，最後にその生徒が選んだ話題について話す時間です。表3.2は大まかなセッションのスケジュールの例を示しています。私はたいてい，各セッションの最初に，詳しいスケジュールを子どもたちに知らせるために掲示したりホワイトボードに書いたりします。幼児用のスケジュールには，絵や写真も添えるとよいかもしれません。年長の子どもの場合，子ども自身にスケジュールを書き出してもらうこともよくあります。

> **コラム　構造化 (Structured)**
> 　何らかの活動を行う際に，容易に行えるように環境を整備することです。ASD児にとっては，行う場所の構造化（物理的構造化），先の見通しを持たせる時間の構造化（スケジュール），活動の構造化（アクティビティシステム）などがあり，ASD児にとっての合理的配慮といってもいいでしょう。

表 3.2 一般的なセッションの流れ

1. はじめの会 　a. 「ちょっとした出来事の報告」やあいさつのための短い時間
2. ふりかえり 　a. 前回ふれた内容とスキルについて話し合う 　b. 前回の宿題について話し合う，あるいは，まだやり終えていないならこの時間にそれをやり終えること
3. 新しい学習 　a. 新しいスキルについて学ぶ 　b. セッション中にスキルを練習する
4. 課題 　a. 翌週に備えて，宿題かエクササイズの練習を課す。 　b. 生徒がどのように宿題を記録したらいいかを決める（例えば，ワークシートに記入する　等）
5. 自由時間 　a. 子どもが自分の好きな話題—例えば特別に興味のあることや学校で起きたことなど—を選べる短い時間（例えば5分間）
6　まとめと親御さんへのフィードバック 　a. 親御さんのいるところで，セッションの内容をまとめて報告する） 　b. 親御さんにどんな宿題が出されたか，また宿題をやるためには，彼らの助けが必要なことを知らせる。 　c. さよならのあいさつ

　予測可能性を持たせるにあたって，もう一つ考えなければいけないことは，SSTをまさに開始する時から，ルールを明確にしておくことです。ルールの中身は，介入の環境とその子どもによって異なります。例えば，個人向けSSTの場合，ルールは，時間を守ってきちんと出席すること，課題を済ませてくること，一生懸命に参加し，嘘をつかないこと，そしてセッション中の行動（例えば，節度に欠ける言葉を使わないとかパーソナルスペースを尊重するといった）ことに関するものにするとよいかもしれません。ほとんどの子どもは，公正かつ明確に決められたルールが示す限度と期待を尊重します。ASD児は特にそうです。トレーニングの最初に，私は，新しいクライエントに，私たちが一緒にいる時間については，ルールがあると話します。例えば，お互いに敬意を持つこと，どのセッションの時も準備をしてきて，時間に遅れないようにすることなどです。クライエントによって，そしてそのクライエントについてあらかじめわかっている情報

によって，先のルールに何か加えたり，変更したりすることもあります。例えば，私が関わったある子どもは，セッションが始まる時間になっても，待合室に置いてあるおもちゃやカードゲームのそばをなかなか離れられませんでした。この子どもに対する最初のアセスメントの時，このような状況になってしまったことを思い出したので，その子どもの場合は，待合室から一つおもちゃを持ってきてもいいというルールを作りました。ただし，その場合でも，セッションの終わる5分前までは本棚にそれを置いておくことにし，最後の5分間は一緒にそのおもちゃで遊ぶということにしました。

　また同様に，子どもからルールを提案するように促すこともよくあります。子どもに意見を聞くことは，セラピストがその子どもに敬意を持ち，その子どもの好みを知りたいと真摯に願っているということを示しています。介入の種類や形態を問わず──個別セラピーのセッションでも，グループの練習でも，同年代の子どもが指導者役を務める場合でも──ある程度の予測可能性と構造は築けるのです。

トレーニング時間

　ASDにみられるソーシャルスキルの弱さは深刻で広範囲に及ぶため，トレーニングを非常に徹底して受ける必要があります。したがって，支援の「トレーニング時間」は一般的に，他の臨床的集団に対するソーシャルスキル向上のための介入をはるかに上回るものになります。タイプⅠの糖尿病クライエントを治療するときに，インシュリンを2カ月試せば十分だと考える医者がいないのと同じことです。つまり，ASD児に対しては，短時間のSSTの介入では，社会的機能を持続的，劇的に改善することは期待できないというわけです。短期間の介入を行うならば，それが集中的なものであっても，ほぼ例外なくある種の補助的なサポートで補強する必要があるでしょう。例えば，個別のSSTを受ける子どもの親は，その子に家や地域でもスキルを使わせられるように，一緒にトレーニングを受けるのが理想的です。普通，セラピストは，毎回のセッションに親を参加させます。親はたいてい，セッションの最後に，その日どんなスキルが教えられたのかを確

認するとともに、そのスキルの練習を続けられるように、家で試せる方法を見つけます。その後、セラピストは、親が子どもに新しいスキルを練習させるのをじかに観察することもあります。これによって、セラピストは親と子どもにすぐにフィードバックを与えることができますし、必要なら、トレーニングのしかたを改良することもできます（例えば、子どもが目標行動をしてみせたときに、たとえ完璧でなかったとしてもほめることを親に思い出させることもあります）。他の有益なやり方としては、あらかじめ用意したプリントを親に渡すことがあります。そこに、セッション中に教えたスキルの要約と、その週に子どもが家でそのスキルを練習するために最良の方法についての提案を載せておくのです。私と、エール大学児童研究センターの同僚であるキャスリーン・コーニッグは、学齢期ASD児のためのSSTプログラム中に教えたスキルを、親への手紙の中で説明しました。その手紙を3例、表3.3から表3.5に示しました。これらはセッション中に教えたスキルを要約したものです。最初の2通はSSTグループで使用したもので、3通目は（1対1の）個別セッションで使用したものです。

　特定の介入をさらに強化する方法の他の例としては、グループでのSSTが限られた期間の場合、その後、数回の「ブースター」セッション（例えば、2週間から4週間ごとにスキルを復習するセッションなど）や、定期的に集うフォローアップのための継続的なグループなどがあります。

　つまり、1学期だけの放課後グループのように、限られた期間だけで終わるようなトレーニングでは、一般的に十分な補強とはならないというわけです。社会的機能を改善するために、ASDの子どもたちには、継続的なトレーニングとサポートが必要なのです。さらに、2種類以上の介入方法が組み合わせて実施すれば、機能が改善する可能性は高まります。要約すると、効果を生むためには、継続期間と強度が考慮されなければならないというわけです。

安全性

　ASDの中には、未熟または不適切な行動や不器用さ、お粗末なソーシャルスキルのために、からかわれたり、いじめられたり、あるいは暴力を受けたりして

表 3.3　親御さんへの手紙：その 1（例）

拝啓　親御さんへ
今週のソーシャルスキルグループでは，交代で会話することに焦点を当てます。
グループの副リーダーの Jay と私は，それぞれの子どもたちが伸ばせそうな社会性の強みと領域をよりよく理解するために，グループセッション中のお子さんたちの行動を引き続き見守っていきます。
今日のセッションでは，はじまりの会に続いて，グループのルール（じっとしていること，口を閉じていること，手は膝におくこと，目は話している人をみること）のおさらいをします。それから，交代で会話するゲームをします。
このゲームの目的は，仲間との会話を始める練習と，会話の間，適切で臨機応変な（例えば，話題から外れていない）受け答えや質問をする練習をすることです。
私たちは 2 チームに別れて，一方のチームが練習しているときは，相手のチームのメンバーはそれを見守ります。
2 人のプレーヤーが会話を成立させると，そのプレーヤーたちは点を多くもらえます。
もし会話の筋道がわからなくなってしまったり，話題からあまりにも外れてしまったりしたら，次のチームがゲームをすることになります。
来週は，会話を交代でするスキルや話題からそれないスキルの練習をするのに，お子さんの好きなゲーム（例えば，チェッカーやチェスなど）をテーマにすることを考えています。そうすれば順番が回ってくるたびに，プレーヤーは話題に関連したことを何か言わなければなりません。
新しいゲームのたびに，新しい話題を選ぶことができます。
もしお子さんが競争を楽しめるなら，ゲームごとに話題に沿った受け答えができた回数の集計を記録していってもいいかもしれませんね。
皆がグループでの活動をこれまで楽しんでいるといいなと思います。
もし何か質問や提案がありましたらお知らせください。
敬具

表 3.4　親御さんへの手紙：その 2（例）

拝啓　親御さんへ
先週のグループセッションの時のように，まずはじまりの会（そこでは，今週のセッションで楽しみにしていることと，このグループの誰か他の人についてこの 2 週間の間に知った何か 1 つを話すということ）をし，そしてグループのルール（じっとしていること，口を閉じていること，手は膝におくこと，目は話している人をみること）のおさらいをします。
今日のグループセッションでは主に 2 つの活動をします。
最初の活動は「会話ボール」です。
このゲームは，グループ全体でやります。子どもたちはお互いにボールを投げ合い，投げるたびにその子どもは，前の人の発言に関連したコメントを言ったり質問をしたりします。
このゲームの学習目的は会話を始めたり，会話を続けたりする練習をすることです。
どの子どもたちも，自分の選んだ話題で，新しいゲーム，つまり会話を始める機会があります。
2 番目の活動は，伝言ゲームです。この古典的なゲームの私たちのバージョンは，輪になって，各人が順番に短いメッセージや内容を隣りの人にささやいていき，最後の人までそのメッセージを伝えるというものです。
最後の人は聞いたメッセージを大きな声で発表します。
このゲームは子どもたちに，さまざまな複合的な会話のスキルを練習する機会を与えます。相手が言うことを注意深く聞く練習にもなります。（メッセージを理解するために），声のボリュームをコントロールする（他の子たちに聞かれないように声を落とさなければなりません）練習，会話の順番を守る練習にもなります。
これはまた，ある人が聞いたことが必ずしも相手が意図したことではないということを伝えるとても楽しいやり方でもあります。
今週は，会話スキル（例えば，交代でする，声のボリューム，話題からそれないことなど）を練習するために，家族でこの「会話ボール」をすることを考えてください。
あなたとお子さんだけでもできますし，他のご家族の方を加えてもできます。
お子さんが正しくできたことはすべて，意識してほめてください。（例えば「上手に声を落としてそれを言えたのはえらかったわね！」など）。そして，お子さんが引き続き取り組んでいけるようにやる気を起こさせてあげてください。
敬具

表 3.5　親御さんへの手紙：その 3（例）

拝啓　親御さんへ
ここ数週間，私たちは Tom の社会性の強みと特に苦手なところを評価することに取り組んできました。
彼は自分がもっとも苦手とすることをよくわかっているようです。例えば，人にフレンドリーに愛想よくあいさつをすることや，他人の非言語行動や感情の状態を適確に読み取ることなどです。
今日のセッションでは，他の人の感情を特定することやそれを分類することについて話し合いました。
雑誌の写真を一緒に見て，モデルの人が表している感情について話し合いました。そしてどんな手がかりが，その特別な感情を示しているのか話し合いました。（例えば，彼は腕組みをしてしかめっつらをしている，だから彼は怒っているに違いない，という風にです。）
また，「こんな時，どうする？」というようなお話をいくつか一緒に読みました。（例えば，「Jake は数学のクラスでテストをちょうど返してもらったところだ。
とてもよくできたと彼は思っていたが，結果はそうではなくて D マイナスだった。Jake はどう感じたと思いますか？」というような話です。
Tom は登場人物の感情を特定し，それから彼がもっとも適当だと思った感情がたとえ何であれ，それをしぐさで表そうとしました。
そのあとは，私がその感情をしぐさで演じ，トムがそれに，例えば，優しい言葉をかけたり，ほほえみかけたりすることで適切に応えるというものでした。
もし家族の方が，他人の感情を正しく特定し，それに応えるという Tom の課題を引き続き手伝けしたいなら，一緒に本や雑誌を見るというのはどうでしょう。私たちが今日のセッションでやったようなことをやるのです。
あるいは，この活動を映画やテレビの番組を見ているときにやることもできます。
強い感情が表現されている画面（番組のシーン）を差して，この人物はどんな気持ちなのか，についてお子さんと会話をしてみてください。（例えば，「彼は額にいっぱいシワを寄せて，指を振っているね――この人は怒ってるに違いない」など――あるいは，複数の人が出ているシーンを見せて，登場人物たちの相対的な立ち位置や親密度，あるいはお互いの距離についてコメントしてもいいでしょう。
いつものように，何か質問や提案がありましたらお知らせください。
敬具

きた人が大勢います。ですから，ソーシャルスキルに関するどのような介入でも受容と養育的な雰囲気が重要だということは，いくら述べても足りません。特に，同年代の仲間と一緒にグループ単位の介入を初めて開始する年長の子どもとティーンエイジャーにとっては，メンバーとリーダーの間に，支持と優しさが感じられるような環境を整えることが極めて重要です。私の経験からわかったことですが，多くのティーンエイジャーは仲間と交流することに不安を抱き，過去の不快な社会的経験のせいで，非常に多くの感情的な負担を背負っています。グループ向けの介入については4章でさらに詳しく述べますが，自分がどのように扱われたいか，どのような行動上のルールを求めるかについて（例えば，互いに尊重することや秘密を守ることなど），グループのメンバーの意見を聞くことは，絶対に必要です。

友達の参加

　科学者の間では，ソーシャルスキルに関する介入に仲間を参加させることの重要性を認める声が高まっています（例えば Barry et al., 2003；Rogers, 2000）。大人がどんなによかれと思って，思春期の子どもたちの社会的機能を改善しようと努めても，結局大人は，他の同年代の子どもたちのようには彼らと関わることができないのです。私は何度となく目にしてきましたが，一人の友達，特に，ASD児自身が尊敬する友達からのフィードバックによって，私が何度試みても成功しなかった行動の変化が現れたり，理解してもらえなかったコンセプトが理解されたりすることがよくあります。この章の最後で紹介する事例は，適切に選ばれた友達が先生役（チューター）になったとき，多大な影響力を持ち得ることを非常によく示しています。

　よい友達というのは，定型発達児（つまりASD児ではない）でも，ASD児でもかまいません。どちらであれ，とても助けになることがわかりました。友達がASDを抱えていると，例えば，同じ困難を経験している子どもは他にもいるのだと気づき，非常にいい般化経験（自分だけではないと気づく経験）となります。また，両者が同じものに興味を持っている場合も多いため，介入期間後も長く続

く友情を育てることもあります。一方，ASD でない仲間がいると，概して，年齢相応のスキルのモデルを示してもらえる点で非常に助けになります。ASD ではない子どもは，仲間集団内で使われる用語に精通していますし，たいていの大人のセラピストよりも，若者たちの興味のあるイベントについてよく知っています。

　例えば，思春期 ASD 児の中には，同年代の定型発達児とほとんど変わらない自己紹介を大人に対してできる子もいますが（例えば，「こんにちは，お元気ですか？」など），そのような挨拶は，16 歳の友達同士で交わすものとしては不適切です。言い換えるなら，定型発達の仲間がグループに参加することによって，子どもは友達集団への加入という，必要としていたものを獲得できるわけで，それは友達集団外の人間には提供できないものです。先生役（チューター）を務める定型発達の仲間に，ASD について，そして介入（グループセッションまたはメンター制度）における彼らの役割について適切に教育しておくことは重要です。これからどのような場面に遭遇しそうか，ASD 児が一般的に抱えている困難とは何なのか，そして介入の中で果たすべき役割としてどのようなことが期待されているのか，詳しい情報が与えられるべきでしょう。

　個人的に気づいたことですが，介入の開始時に先生役の子ども（チューター）を教育することが極めて重要である一方，各セッションの前に，具体的な指示（例えば，「今日はジャックの隣に座って，彼が相互作用を始めるのを助けてほしい」など）を与えることも有益であり賢明です。守秘義務に関するルールは，先生役の子どもがソーシャルスキルに関するあらゆる介入に参加する前に，はっきり話し合い，規定しなければなりません。介入方法にかかわらず，秘密厳守はいつも保証されなければならないのです。先生役の子どもは，グループのことやグループ内での会話について学校の友人と話し合ってはならないこと，参加者全員のプライバシーは絶対に尊重しなければならないことを，よく理解しておく必要があります。これは，小さな町や地方では特に大切なことです。そういうところでは，中学校や高校が一つしかなく，グループのメンバー同士が，グループの外で会う可能性が非常に高くなるからです。私はたいてい，グループメンバーにも，先生

役の子どもたち全員にも，介入に対する同意書の中で，守秘義務に関する文章に同意および署名してもらうことにしています。この文章は通常，グループの他のメンバーのことやその発言も含めて，グループ外の人には話さないという趣旨に同意することを保証するものです。もちろん，本人が望めば，グループ内での自分自身の経験を自分の親に話すことはできますし，そうするべきです。私は，初回のセッションで，グループ内の友達同士で互いに敬意を払うことと，秘密を守ることに関するルールをもう一度，声に出して確認することにしています。以下は，私がかつて介入グループにおいて使った，先生役の子ども用の同意書からの抜粋です。質問と回答の形式になっています。

- あなたは私の発言を誰かに話しますか？

　　私たちはあなたが述べた個々の意見や考えを，あなたの先生や両親，友達に伝えることはありません。しかし，各回のグループで取り組んだことの概要は両親に伝えます。

　　もし，誰かがあなたに危害を与えていたり，あるいはあなたが自分や他の誰かに危害を加えるかもしれないと私たちに言うことがあった場合には，あなたを助けることができるように関係する当局者に伝えなくてはなりません。

　　また，グループ内で話されたことは秘密にしておくことが重要です。つまり，あなたもグループの他のメンバーも，発言の内容についてグループ外の人と話してはならないということです。

　　グループの中に誰がいて，どのような発言があったかについて，友達や他の人に話すのも避けてください。

トレーニングするスキルを弱さに合わせる

Greshamら（2001）が示したように，教えるべき具体的なスキルとその教え方は，子どもがどのような種類のスキルの弱さを持っているかによって決めるべきです（第1章参照）。トレーニングをスキルの弱さに合わせて行うという考えは，

ASD向けのセラピーに限ったことではありません。しかし，見過ごされることが多いように思えます。スキルの弱さの種類を子どもの視点から簡単におさらいすると，以下の通りです。

- **スキルの獲得に関する弱さ**：
「僕は何をすればいいんだろう？」
- **実行機能（コラム参照）に関する弱さ**：
「何をしたらいいかはわかっている。だけど，どんな時にそれをしたらいいの？」
- **上手な使用に関する弱さ**：
「それをしようとしているのに，うまくいかない！」

例えば，上手な使用に関する弱さがある場合には，なぜそのスキルが重要なのかを学ぶことより，むしろ，練習や般化に焦点をあてることが必要です。仲間との関わりを開始するスキルの上手な使用が弱い子どもは，もしセラピストがスキルを教えることやそのスキルを身につける重要性を説明することに時間を費やしたら，おそらく苛立って，ついには，「そんなこと，もう知っている！」と強く反発することになるでしょう。それよりもっと有益なアプローチは，その子どもがそのスキルを使っているところを観察――もし可能なら録画――して，そのスキルのでき栄えについてフィードバックを与え，そのスキルに磨きをかけて，よりスムーズにできるように繰り返し練習をすることです。セラピストは，通常，インテーク面接や特定の評価尺度（第2章参照）に対する子どもの回答から，その子どもがどのような種類の弱さを持っているのか，正確なイメージを作り上げることができます。

コラム 「実行機能」
　実行機能（Executive Function）とは，先の見通しを持って行う能力のことであり，この機能に障害があると，衝動的に行動したり，刺激に敏感に反応してしまうことがあります。つまり，先の見通しをもって活動することができなくなります。

自然な環境

　最後に，新しいスキルを練習するのに自然な環境を利用すると，その子どもが標的とする環境でそのスキルを学び柔軟に応用する手助けとなります。言い換えるなら，そのスキルを般化するためには，自然な環境の中で練習することが重要であるということです。スキルは，子どもが実際にそのスキルを使うと予想される状況にできるだけ近い環境で学び，練習するべきです（Bellini&Akullian, 2007；Bellini et al., 2007）。練習は常に，問題に遭遇する実際の場所で行えれば，それが一番理想的ですが，それは実現可能ではない場合が多いものです。

　そこで実際には，SST グループは通常，学校の中で実施され，クリニックが運営するグループでのロールプレイなどは，現実の社会的状況にできるだけ近づくように構造化されます（例えば，カフェテリアで開催するなど）。個別セラピーの場合は，自然な環境を利用するために，学校でスキルの練習をしなければならないかもしれません。そのような練習はたいてい，学校で実際に友達に対してスキルを試す前，つまり放課後などに行うのが一番いいでしょう。これに関連する注意事項として，同じスキル，例えば人に挨拶するというスキルが，環境という文脈によって，まったく違って見える場合がある，ということが挙げられます。ある十代の子どもが，誰かに電話をかけるときに，「もしもし，ジェーンだけど。今話せる？」と聞くといいということを習ったとします。しかし，面と向かって会った時は，このスキルは使わないでしょう。そのかわり，もっと非言語的な手掛かり（例えば，微笑んで，目を合わせること）に頼り，「ハーイ，元気？」というようなことを言うでしょう。具体的な接近方法も，周囲の状況によって変わるはずです。例えば，店員に用がある場合だったら，まずその店員の手が空くまで待ち，それから笑顔で近づき，用件を頼むことになります。

事例

「アラン」はSSTグループに、毎週、不機嫌で沈んだ様子で来ていました。会場の部屋までうつむいたままやってきて、部屋に入っても、誰とも目を合わせようとしませんでした。

胸のところで腕組みをしたまま、椅子に前かがみになって座り、グループにめったに参加しようとしませんでした。アランの行動はグループ全体の動きにも影響していて、彼の態度が他のメンバーの参加意欲をそいでいるように見えました。こうした様子は、3週間前のグループ開始時からずっと起きていました。私と副リーダーは、直接的なアプローチと間接的なアプローチの両方を使い、アランの行動に取り組みました。まず、彼に、彼の行動がどう見えるか、それによってまわりが彼のことをいかに心配するかを告げました。また、彼が抱いていると思われる感情を表そうと試み、彼が経験しているに違いない不快感について尋ねました。さらに、アランが興味を持つだろうと思われる活動も考えました。そして、グループの様子を撮影したビデオテープを一緒に観ることもしました。こうすれば、アランの非言語的な行動は他の人の目には非友好的に映っていて、その結果、友達からはますます興味をもたれなくなるだろう、ということに彼が気づいてくれるのではないかと思ったのです。しかし、私たちが何をしようと、何の助けにもならないようでした。アランは意気消沈して何事にも無関心に見えたからです。

4回目のグループセッションの時に、メンバーが自分たちの週末の計画を順番に話しました。一人の少年（先生役を務める同年代の子ども）が、お父さんと一緒に自動車レースを見に行くのを楽しみにしていると話しました。するとアランは顔を上げて、驚いたことに、その少年に好きなドライバーは誰かと尋ねたのです。先生役の子はアランの質問に答え、さらに、「レースにハマってるの？　僕、君には何にも好きなものがないんだと思ってた」と口走りました。アランは、なぜそんなことを言うのかと尋ねました。先生役の子は、アランの様子から判断して、アランはグループに来るのが嫌で話すのも好きではないのだと思っていたと

答えました。そのときにその彼は，アランの様子を詳しく，ありのままに描写しました。アランは言われたことすべてに明らかに驚いていました。それ以降のセッションでは，アランはグループの他の子たちと話をするよう努力するようになって，特に自動車レースについて，先生役の子どもと話すのを楽しむようになりました。

● **第4章** ●

SST グループ

グループで行う SST の背景

　SST グループは，ASD や関連する状態を持つ人たちに推奨されることが多い方法です。子どもたちのソーシャルスキルの向上を促すために，グループで行うトレーニングを選択することには，明らかに魅力があります。グループという形態は，比較的自然な状況で新しいスキルの練習をする機会を提供します。加えて，グループの中にいると，友達との交流も促進されます。しかし，それと，同時に，ASD 児は，概して，社会集団内で活動することが非常に苦手です。Bauminger（2007）が指摘したように，集団内で上手に関わるためには，複数の聴覚信号に気を配る能力（例えば，傾聴のスキルなど）や，他人の意図や動機を推測する力などの，比較的高いレベルのスキルが数多く必要なのです。これらのスキルは通常，ASD の子どもたちには不足しているものです。ASD に対する，グループによるソーシャルスキル指導についての研究のレビュー（White et al., 2007 を参照）に基づけば，以下のような結論が導き出せるでしょう。

- グループによる指導がいいかどうかははっきりしません。というのは，スキルの向上も報告されていますが，それは一般に，全参加者および全スキル領域に一様にみられるものではないからです。
- ほとんどの子どもは，グループによる SST を行っても，そのスキルの維持（長期にわたる使用）や般化（さまざまな状況での応用）には，引き続き問題がみられます。
- 少なくとも一部のスキルの練習は自然な環境で行うことが望ましいです。

- 親の参加が，よりよい結果を出すのに役立つ可能性があります。

このようなSSTがスキルの向上にどのような長期的影響を与えるかが依然不確かであるにもかかわらず，グループ形式のSSTが強く求められているのには，以下のような事情があります。
(1) ASDとみなされ，サービスを必要としている子どもが増えていること
(2) ほとんどのソーシャルスキルのカリキュラムはグループ形式で行われていること
(3) 集団では同年代の友達と一緒に練習するが，そのような仲間と接する機会があることには明らかなメリットがあること

こうした理由からニーズは増え続けているのに，経験的に支持されたカリキュラムがまだないことから，セラピストと家族は困り果てている状況です。

私自身としては，ASD児のためのSSTグループは，一部の子どもにとって，一部のスキルについて有益であるという見解を持っています。私自身の経験では，SSTグループで特によい成果を見せる子どもというのは，自分のスキルを上げて友達を作りたいという動機を多少は持ち，自分に不足しているスキルがあることを素直に認め，それを改善したいと望み，しかもグループの仲間と関わると害を与えかねない深刻な不適応行動を見せることのない子どもです。グループ形式の介入は万能薬ではありませんし，すべての子どもにとって最良の支援法でもありません。もし子どもが深刻な不安感を持っていたり，グループの安全を脅かしかねない行動を取っていたりしたら（例えば，誰も何もしていないのに，いきなり攻撃性を見せるなど）そのような行動がなくなるまでは，その子にはグループ形式のSSTを行うべきではないと思います。家族には，考えられるプラスの面（つまり意図したとおりスキルを改善できるかもしれないこと）と，マイナスの面（例えば，時間がかかることや，他の子どもたちがそばにいるために不安が高まること）の両方をあますところなく伝えることにしています。こうした情報開示は，実践家が新しい治療法や薬を試してみようとするときにクライエントに行うインフォームドコンセントのプロセスに似ています。

グループは専門クリニックや学校，同じようなニーズをもつクライアントが何人かいる実践家のオフィスなど，さまざまな場所で実施されることがあります。グループのリーダーは，臨床心理士，教師，作業療法士やその他の援助職が担う場合があるでしょう。SSTグループの内容と目的もまた大きく異なる可能性があります。例えば，心の理論や，個々のソーシャルスキル，会話のスキル，興味関心の幅を広げること，社会参加の興味や動機を育むことなどです。この章では，過去の臨床研究や文献レビュー，ASDの人たちの学習特性や臨床経験に基づいて，ASD児向けのSSTグループを運営する際に役立ちそうな指導法や全般的な注意事項を概説します。この章の最後には，私や同僚がこのようなグループを運営したときに遭遇した，臨床上の課題を簡潔に述べます。

内容と方法

表4.1に要約されているものは，グループ形式のSSTに関する研究文献の包括的なレビュー（White et al., 2007）に基づき，「見込みがある」と考えられる方法です。これらの方法は大まかなカテゴリーに分けてあり，各カテゴリーの詳細は具体例とともに，これから説明していきます。巻末の参考文献のセクションでは，ASD児たちに適切なソーシャルスキルを教えるために開発された，利用可能なカリキュラムをいくつかリストアップしています。これらのカリキュラムはグループで実施することができます。

社会的動機付けと自尊心を高める

私が実施または観察してきたグループでは，参加者はたいてい最初のうち，特に初めの数回のセッション中には，強い不安を示します。ほとんどのASD児にとって，このようなグループは今までにない社会的経験となります。これまで通常は対処することが難しかった状況（例えば，たくさんの同年代の友達がいる状況）の中で行われるうえに，苦手なスキルに重点的に取り組むからです。つまり，自分がSSTグループに加わりたいかどうかわからない子どもが大勢いたとして

表 4.1　ASD に対するソーシャルスキルトレーニングをうまく行うための教育方法

やる気と自己評価を高める
・簡単に習得できるスキルから始め，次第に難しいスキルを組み込んでいく。
・指導は楽しめるもの，予想できるものとする――視覚的な手がかりを用い，ねらいを設定する
・PRT（機軸行動訓練）の側面を組み込む。
スキルの成長に焦点を当てる
・妨害行動を減らす
・年齢にふさわしい言葉づかいや表現を教え，文字通りに解釈してしまう問題に取り組む。
・基本的なソーシャルスキルに一通りふれる（例えば，腕の長さの分だけ人とは離れて立つことなど）
社会的なかかわりを増やす
・社会的なかかわりのために自然な強化因子を使う
・ごほうびを使う（形成する）
・「年齢にふさわしい」社会的な関わりを教え，モデルを作る。
・日常的な場面で通用するシンプルな社会的な関わりの「スクリプト」を教える。
妨害行動を減らす
・最初からルールを明らかにする；どう行動すべきかというチャートを使う。
・良い行動をさまざまに強化する
・行動が続く原因を特定するため，妨害行動の機能的分析を行う。
スキルの一般化を促進する
・仲間の参加を編成する
・子どもが一緒にスキルを練習できる複数のトレーナー（両親，兄弟）を使う。
・創造的であること：　安全な普段の場面設定で練習すること
・セッションとセッションの間の時間を使って練習する（宿題）
注：出典は Springer Science＋Business Media 社からの寛大な許可によって White, Koenig, and Scahill（2007, p.1864）から

も，何ら不思議はないということです。幸いにも，こうした不安を減らし，参加意欲を高め，グループのメンバーの自尊心を養うために，グループリーダーとしてできることはいくつかあります。

　もっとも明白ながら強力な方法は，焦らないでゆっくり教えるということです。最初から，成功体験の機会をたくさん与えることが大切です。例えば，最初のグループミーティングをストレスの非常に少ない，楽しいものにすることは，どのような場合にも望ましいことです。最初のグループミーティングでは，お互いの名前を覚えるといったような，一つの基本的なスキルに取り組んでもいいですが，主たる目的はたいてい，全員を紹介し，セッションにまた来たいと思わせることなのです。また，Koegel, Koegel, and Brokuan (2005) が機軸反応訓練（PRT）（コラム参照）に関する論文で強調したように，グループのメンバーに活動を選ぶのを手伝わせるのは，グループ参加への動機を高めるのに役立ちます。リーダーは常に，セラピーの期間中ずっと，参加メンバーの好みのゲームや活動，あるいはおやつについて意見を聞いてください。年長の子どもや思春期の子どもは，特に，自分たちがグループ内で発言権を持っていること，そしてグループの運営法に発言権を持っていることを知りたがるところがあります。

　以下に紹介するのは，私たちが新しいグループの最初のミーティングで従う，典型的なスケジュールです。

　まず，全員に見えるようにホワイトボードまたはイーゼルに提示しておいたスケジュールに注意を向けさせます。グループの集合時間や何分間のセッションかをおさらいし，以下のような説明のしかたで，このグループの目的も再確認します。

コラム　「機軸反応訓練:Pivotal Response Treatments」
　機軸と考える機能領域（ASDの障害における中核領域）に対し，自然な場面で行動分析の手法を用いるアプローチ。
　機軸の1つは，介入の計画と実施において家族を巻き込むこと，2つめは，自然な環境で介入を行うこと。3つめは，鍵となる　機軸の標的行動の治療を第一にして，個人の行動の修正を二次的な目標にすること，4つめは，家庭と学校の双方の文脈（場面）において介入を実行することなどがこの訓練の特徴である。

「みなさん一人ひとりに最初に言ったように，このグループはみなさんのためのものです。ここに集まったのは，みなさんがもっと上手に友達を作って，その友情を長続きさせたり，他の人たちともっとうまく付き合っていったりするにはどうすればいいか，その方法を見つけるためです」

このメッセージは，参加する子どもたちのニーズや年齢によって，もっと簡単にもできるし，複雑にもできます。次に，自己紹介に進みます。輪になって座り，たいていはグループのリーダーから始め，次に先生役の子ども（チューター），そして他のメンバーへと順番に紹介をしていきます。ただ名前と，自分に関すること（趣味や好物など）を言うだけの，簡単な自己紹介でかまいません。年長の子どもたちのグループでは，私はよくこれを記憶ゲームにして，お互いの名前を覚えることに集中しつつ，同時に楽しめるようにします。その場合は紹介が一巡した後，例えば，各自が左隣に座っている人の紹介をして，その人の名前とその人について知ったことをひとつ言ってもらいます（例えば，「彼の名前はマイクです。オーバーン中学に通っていて，ピザを食べるのが好きです」など）。

グループのルールを決め，手短に守秘義務とグループの頻度などを確認し，おやつを食べた後は，メンバーが練習したいと思っているスキルは具体的にどのようなものなのかを話し合います。この話し合いは，グループリーダーがカリキュラムを組むのに非常に役立ちますし，メンバーが自分の苦手なことを，よく知っている場合もよくあります。参加者に自分のスキルの弱さを特定させると，グループの中で社会性の困難を経験してもそれは特別なことではないと感じさせられますし，助け合いの雰囲気も作り出せます。最大限のフィードバックを「許容できる」雰囲気になるのです。先生役の子どもがグループにいるときは，その子もまた改善に取り組むスキルについて，少なくとも一つは決めるようにします。グループリーダーとして，私は時にこの場合のお手本を示すこともあります（例えば，「私の苦手なことは，他の人に話す機会を持たせるということです。時々，私は興奮のあまりしゃべりすぎてしまうんです。だから私はそれを治したい。実際，もし私がしゃべりすぎだとみなさんが気づいたら，それを言ってください。よろしく

お願いします」等々)。さらに，おやつ休憩の時，リーダーは，今後どんなおやつが食べたいのか，どんなゲームがしたいのかについて，メンバーの意見を聞いてもいいでしょう。先ほど述べたように，そのようなことについて発言の機会を提供すると，グループ参加の動機を高めるし，お互い同士をよりよく知るために役立つからです。そして，最初のセッションを終える前に，いつも楽しいゲームをすることにしています。

ASD児たちのためのSSTグループを始めようと考えているセラピストは，ASDではない先生役の子どもをどうメンバーに紹介するのか，しばしば悩むことがあります。私の場合，セッション中は，先生役の子どもをASDではない子どもとして正式には紹介しないことが多いです。

ただし，プログラムの開始前に，グループにはASDと診断されたメンバーもいれば，スキルを学んだり他のメンバーを手助けしたりするために参加する，ASDではないメンバーもいるということを，全員に伝えるようにします。こうしたグループの中で，診断名を開示したり，それについて話し合ったりすることが有益ではないと思われる理由が二つあります。一つは，先生役の子どもをASDではないと紹介すれば，話題が他のメンバーの診断名に移ってしまいかねませんし，特定のASD児の診断名を仲間に「暴露する」ことは決して私の意図するところではないからです。診断を口にするかどうかは，一人ひとりのASD児が決めることです。二番目の理由は，介入の目的ともっと関連の深いものです。つまり，グループの中で取り組むスキルのほとんど（例えば，新しい仲間と出会う，異性のメンバーと話すなど）が，ASDであるかないかにかかわらず，大半の子どもが助けや支援を必要とするかもしれないスキルだということです。6章でさらに詳しく述べますが，クライエントの特定の診断に関する心理教育は，グループセラピーより，むしろ個別セラピーの一要素として行う方が理にかなっていると私は考えます。しかしASDや診断についての話は，しばしばグループメンバーによって始められることがあるということは述べておきたいと思います。そうなったときは非常に貴重な教育機会にもなりえます。自分のASDのことをどのように他の人に話すか，また微妙な問題をどのように相手に上手に尋ねるか，

誠実に向き合うにはどうすればいいかということが話し合いの焦点となります。時には，メンバーの一人が，別の子どもの診断名や，その子がASDではない先生役の子どもなのかどうか，私に尋ねてくることがあります。私は自分でその情報を伝えたくないので，かわりに，質問してきたメンバーに，直接その子に尋ねてみるように言います。もちろん，そのような提案をする前に，グループメンバーたちと話し合い，このような質問に適切に答える方法や，自分が話してもいいと思う以上のことを話さない方法について，ロールプレイやその他のトレーニングをすることが賢明です。

　私が効果的だと思ったゲームの一つは，風船か柔らかいボールを投げ合うもので，主な目的はお互いの名前を覚えることです。1回目は，ボールを誰かに投げる前に，その人の名前を言わなければならないというルールにします。2回目では，名前とアイコンタクトが焦点になります。つまり「今度は，ボールを投げる前に，ちゃんと目を合わせながら，その人の名前を言わなくてはなりません」というルールにするのです。セッションの最後には，今日教わったことや話し合ったことについて私がまとめ，参加者に次のセッションの予定日時を知らせ，そしていつもさよならを言って終わりにします。

スキルの上達に焦点を当てる

　スキルの上達に焦点を当てるというのは，わかりきったことのように思えるでしょうが，実際は非常に難しい場合があります。特に，好ましくない行動や不適切な行動が際限なく続いて起きるときはなおさらです。実践家も親も，実際にはスキルを育てたいのに，目の前の問題行動に対処しようというモードに陥ってしまいがちです。したがって，SSTグループのリーダーは，基本的な行動マネジメントや規律に没頭せず，適切なソーシャルスキルの使用を妨げる行動を減らそうと努めてください。問題行動を正したり，減らしたりすることにあまりに集中しすぎると，グループの主な目的から注意がそれ，問題行動の最も多いASD児を一人か二人選び出すだけのことに終わってしまいます。一部の子どもの行動が問題になったら，グループセラピー中の問題行動を抑制するために，その子ど

もに対して，親も参加させての短期の個別カウンセリングを追加すると有益な場合があります。グループという大規模な枠組みの中でソーシャルスキルの上達と行動マネージメントの両方に取り組むより，こちらの方がよいでしょう。

以下は，SSTグループにおいて，グループのプロセスや適切なソーシャルスキルを育てるという目標を妨げることなく，不適切で否定的な行動に注目する傾向をうまく転換する方法の一例を示したものです。

グループに参加している5人のメンバーのうち2人がお互いに言い争いを繰り返し，興奮のあまり，リーダーや他のメンバーに怒鳴ってしまうということがよくありました。副リーダーたちは，2人が口論したり怒鳴ったりしたときには，これに対処しなければならないと考えました。が，すぐに，この問題を解決することに時間をかけすぎていて，予定の指導スケジュールをこなせないことに気づきました。彼らは一人の同僚に，1回のグループセッションの交流を観察して，メンバー，特にその言い争いを始めがちな2人がポジティブな（社会的な）行動を示した時に，それをすべて記録するよう頼みました。次のグループセッションの時，リーダーたちはうまくできたスキルや行動についてメンバー全員をほめ，ミーティングの間中，目に留まったよい行動の例を，ホワイトボードに記録し続けました（例えば，「ジョーは話す順番を守る」「レイラは適切な大きさの声で話す」など）。他の問題のときと同様，リーダーたちはこうしたアプローチを，毎回ずっと続ける必要はありませんでした。メンバーたちは，よい行動に注意が払われているという事実に素早く反応したため，その後のグループでは記録を取られなくなったのです。参加しているメンバー全員——特に，叱られ矯正されることに慣れていた2人——が，よい行動への注目を歓迎し，グループミーティングのときに怒鳴ることがなくなりました。

児童期中期から思春期の間，ASDの子どもは，「わからない」ことのせいで，同年代の子どもたちからさらに浮いてしまうことがよくあります。具体的に言う

と，思春期以降の定型発達児たちが日常的に使うような隠語や仲間内の言葉，皮肉や冗談というものが「わからない」のです。ASD のティーンエイジャーは通常，文字通りにとるべきではない一般的な言い回しについて明確に教わっておく必要があります。また，もし誰かの言葉の真意が理解できなかった場合どうしたらいいか，その子どもになんらかの対応法を教えるのも助けになるかもしれません。例えば，ASD の男の子は，仲間の言ったことが理解できたかどうか自信がないとき，何も言わずにいる練習をするのもいいでしょう。あるいは，もしそれが親しい友人で彼が信頼する人だった場合は，「どういう意味？」と聞いてもいいかもしれません。グループセラピーでは，1 回のセッションを丸々「隠語の理解」に充てると役立つことがあります。グループの参加者全員がそのミーティングの前の数週間，日誌をつけて，学校で聞いた，全く知らない，あるいは意味がはっきりわからない言葉やフレーズを記録しておきます。グループセッションの時，リーダーたちは（オンラインのツールを使ったり，先生役の定型発達児に聞いたりして）その意味を解釈するのを手伝ってもいいでしょうし，さまざまな文脈的な手掛かり（例えば，その人の口調，何についての会話だったか，など）を使って，意味を推測する方法について教えることもできます。

　スキル上達に焦点を当てるうえで注意したい最後のポイントは，ある特定のスキルがなぜ重要かを子どもに確実に理解させるのが大切だということです。重要である理由をどれだけ説明する必要があるかは，その子どものやる気やスキルの内容によって変わるでしょう。例えば，どうしても友達を作りたいと感じている子どもに，会話する時は相手が口を閉じてからしゃべり始めるというスキルを教えるなら，人は礼儀正しく自分の話をさえぎらない相手と一緒にいたがるものだと説明するだけで十分かもしれません。要するに，グループリーダーは，子どもたちが特定のスキルの重要性や価値を当然，理解し受け入れるはずであり，ただ単に使用する能力を欠いているだけだと無意識に決めつけるべきではないのです。

　特定のスキルが自分にどんな利益をもたらすか，どのように自分の希望を叶えるかが新たにわかると，新しいスキルを学んで習得するのに必要なやる気がわくこともあります。

社会的イニシエーションや社会的反応を増やす

　この方略は，ほとんどの SST プログラムの核心部分と考えられるでしょう。したがって，イニシエーションと反応のスキルを教える助けとして使える具体的なエクササイズや活動は多数あります。そのような活動のリストを，それに関連した資料や教材と一緒にこの章の最後にあげておきます。

　適切な社会的イニシエーションと社会的反応のスキルを教えるにあたって，一般的な方法または考慮すべき事柄としては，自然に発生する強化子を使うこと，報酬を通して目標行動を「形成する」こと，そして子どもたちが従うべき基本的な台本を（必要に応じて）使うことなどがあります。

　もし，グループのあるメンバーが仲間やリーダーと会話を始めたら，相手はその子のリードに従うという反応を示し，無視したりすぐに話題を変えようとしたりしないことが理想的です。自然発生的な強化子の例は以下のようなものです。ASD の子どもが自分の興味あるテーマについて適切に会話を始め，それに対する反応の中で，先生役の子どもと興味のあることについて話すことができました（正の強化）。目標行動を形成するときと同様，最初の試みは特に上手ではないかもしれません。むしろ，とてもぎこちなかったり，攻撃的でさえあったりするかもしれません。しかし，子どもが行うほとんどすべての社会的イニシエーションには，正しくできた部分があるものです。他に何もなかったとしても，少なくともその子は他の人と交流を始めようとしたのですから，その点が重要です。リーダーはこの成果を心に留め，その子が適切にやってのけたことについて，具体的なフィードバックを与えるべきです。

　子どものリードに従うことと，目標行動を形成することについて，以下の例から考えてみましょう。

【おやつ休憩中，みんなで自由時間を楽しんでいる。グループメンバーのほとんどは，最近発売になった新しいテレビゲームについて話している。】

マルタ：あのゲームすごいよ！ いとこが持っていて，先週いとこの家に行った時にやったんだ。
サ　ム：僕はまだやったことないんだけど，親が誕生日に買ってくれるかもしれない。だといいなあ。
マルタ：うん。うちはママが買ってくれると思う。
トニー：（じっと見てはいたが，仲間との交流はしていなかった）僕の誕生日は4月で，新しい自転車が欲しいんだ！
マルタ：私も4月生まれだよ。
フォング：僕は違う。クリスマスより後だ。

　この例では，トニーがグループで会話を始めていますが，その始め方は幾分ぎこちなく（大きな声で，突然発言したため），発言の内容も，他の子どもたちがしている会話の話題とはややずれています。しかし，マルタ，そしてフォングが，厳密には彼の発言についてではないものの，誕生日の話題について反応しています。このような場合，リーダーたちは，トニーがグループに参加しようとしたことをほめて強化すべきで，どんな点がよかったのか，コメントをすべきです。また，どうしたらスキルを高められるのか，トニーにアドバイスするとよいでしょう。ときには，仲間に——この場合は，マルタとフォングですが——トニーの会話の始め方についてどう思ったか聞いてみるのも助けになるでしょう。次の例は，トニーにとってこの会話が真の学習経験なるように，リーダーたちが取ることのできる対応方法の例です。

会話を始めようとしたことについてトニーをほめる例
　「トニー，あなたがマルタやサムの会話に参加しようとしたことはとてもよかったです。あなたは二人の話をさえぎらずに，自然に会話がやむのを待ちました」

スキルを高めるための矯正的なフィードバックを与える例

「もしあなたが，他の子たちが話していることにもうちょっと関連したことを言うようにしたら，もっといいと思います。二人の会話に加わるのに，どのようなことを言っていたら，もうちょっと話題にそっていたかな？」

仲間に具体的なフィードバックを求める例
「マルタとフォングに聞くけど，トニーの近づき方とか言った言葉の内容について，どんなことに気づきましたか？ あなたたちにとってどんなふうに感じられましたか？」

最後に，社会的イニシエーションを練習する時に使える基本的な台本が役立つことがあります。台本を使うやり方は，ASD の人に対する処遇において，長い歴史があります（Krantz&McClannahan, 1993 参照）。台本は，個別セラピーやカウンセリングの場で用いられることが多いのですが，グループセッションでもきわめて学習および練習することができます。グループでほとんど発言しなかったり，仲間と会話を始めることのなかったりする子どもには，セッション開始時に他の子どもが部屋に入ってきたとき使う，「やあ，今日はどんな日だった？」というような台本をリーダーが与えてみてもいいでしょう。言うセリフをリーダーが子どもに指示し，手本を示すというような言語的な台本でも十分かもしれないし，書かれた台本が必要な場合もあるかもしれません。後者の場合，リーダーはその台本を徐々に縮小していくこと（つまり，必要な単語を台本から徐々に取り除いていくこと）と，子どもが会話を始めるのに台本に頼り続けるか，台本なしの自発的な始め方をするかを観察することに取り組む必要があるでしょう。例えば，挨拶や新しい仲間に話しかけるときの基本的なフレーズを子どもに教えることができます。台本の作成，使用，縮小について詳しい情報を知りたい場合は，McClannahan and Krantz（2005）の著書が非常に参考になります。

会話の開始および継続と同じく，社会的に適切な形で終えることも，通例，ASD 児への介入の焦点となります。ASD 児はどうやって話を続けたらいいかわからなくなった時や，ある話題についてもう話したくなくなった時，突然会話をや

めてしまったり会話から「姿を消し」たかのようにみえたりします。会話を適切に終えることがなぜ大切なのか（例えば，失礼だとか，相手の話に退屈しているなどと思われないため）を説明して，このスキルは自分にとって意義のあるものだとその子にある程度納得させた後，会話を終える適切な方法とそうでない方法とを比較して話し合うと，有効な場合があります。

この場合も，これまでに紹介した多くのアプローチと同様，私はこれらを紙に書き出すか，子どもに書くよう頼んだりすることが多いです。そうすれば，目で見て確かめることができるからです。

まず，人との会話を終える適切な方法とそうでない方法を挙げます。そして，子どもと一緒に，不適切な会話の終わり方の手本を示します。それがどのように感じられたか――変だ，失礼だ，戸惑ったなど――をその子どもが言葉で表現できるかどうかをみます。そのうえで，その子に，適切な方法で会話を終わらせる機会を提供するというわけです。ここに，社会的に適切な会話の終わり方をいくつか挙げるので，練習するとよいでしょう。

- ［直接対面している場合］相手に，あなたが他の用事のために立ち去る必要があることを伝え，さよならを言う。

    例：「もう教室に行かなければならないんだ。話せてよかったよ」
- ［電話での場合］電話を切る前に，あなたが会話を終わらせたいと思っていることを相手に知らせるため，一言言う。

    例：「もう行かなきゃ。また今度，話そう」［間：相手がさよならなどの言葉を言うのを待つ］「じゃあね」［相手がさよならを言った後に切る］
- ［相手が会話を終わらせたいかどうかわからない場合］相手に尋ねて，会話を終わらせるきっかけを提供する。

    例：「いま話す時間ある？　もう行かなきゃならない？」

妨害行動を減らす

不適切な行動は，適切なソーシャルスキルの育成と使用を妨げるので，改善に

努める必要があります。この目的を達成するためのカギとなる方法は、ルールを一番最初から明らかにすること、分化強化を用いること（例えば、子どもが傾聴のスキルを上手に示したらコメントし、ちょっとした邪魔をしたら無視するなど）、そして、よい行動と、よくない行動に対するリーダーの反応が必ず一貫していることです。

　私が新しいグループを始めるときには、いつも最初のミーティングの時に、「グループのルール」を詳しく確認するための時間を取ります。子どもたちは、ルールを強調されることを予想しているものです。学校でそういうことに慣れているからです。しかし、多くのセラピストにとって、このやり方はとても奇妙に見えるかもしれません。クライエントにルールを課すのは、普段することではないからです！　しかし、私たちが扱うのはグループであり、ASDの子どもたちだということを考えると、この種の構造を与えて、これから起こることやどう振る舞うべきかをクライエントに知らせれば、とてもよい影響をもたらせます。子どもたちは、このグループがどういうものなのかについて、はっきりとした予想や情報を手にできるだけでなく、安心感や連帯感を抱けます。特に、プライバシーや守秘義務、お互いに敬意を払うことに関するルールが説明されたとき、後者のメリットが明らかになります。

　もうひとつの役に立つやり方は、グループの自己モニタリングシステムを作ることです。私と同僚が考え出した、そのようなシステムの一例を、図4.1に示します。私はグループのメンバーに、各セッションの間、みなさんがみなさん自身の行動をモニターする担当者になるのだと説明します。メンバーは、セッション中、どのくらいうまく交流できたか、仲間の輪に加わったか、グループのルールを守れたかに基づいて、自分自身を採点することになります。最初のグループミーティングでは、私は子どもたちに、どのように採点したいか投票させます（例えば、文字を使うか、色分けシステムがいいのか、他の記号がいいのか、など）。

　ほとんどの子どもが、この自己採点というやり方をとても楽しみ、結果の一覧表は、週ごとの各自の前進ぶりを示す視覚的な記録として非常に役に立ちます。実際、各セッションの間、この一覧表を見やすいように壁に貼っておくと、メン

フレンズグループ

セッション回数	1	2	3	4	5	6	7	8	9	10	11	12
マックス	☺	●	☺									
アーノルド	☺	☺	◆									
ブラッドリー	◆	●	◆									
レオ	☺	—	⇧									
アンドレ	⇧	⇧	☺									

☺ = ほとんど完璧。ルールに従えた。グループに参加できた　　⇧ = 次はもっと頑張って参加しよう
● = まあまあ良かった、だけど次はもっとよくできる　　◆ = 良くない一日。ベストが尽くせなかった

図 4.1　集団で自己モニタリングする例

バーの行動は間違いなくよくなります。子どもたちとその両親が，セッションの後，その日の「成績」について話すことも多く，この記録はセッション中に起きた具体的な出来事をさらに詳しく話し合うためのよいきっかけにもなります。この自己採点を「ポイント」と見なし，それに応じてグループセッション後に特定のごほうびをあげる――その日の夜，レストランに行くとか，子どもに自由な時間を与える――親たちもいます。

　明確に決められたグループのルールと自己採点の仕組みの他に，私が重要だと思うのは，メンバーが表現したり誇示したりする典型的な問題行動のきっかけを理解しようとすることです。このツールを，変更を加えた機能アセスメントと考えてください（第2章参照）。このツールは，二人のリーダーがいるグループで使うのが最も効果的です。グループが2～3回ミーティングをした後，リーダーたちは，スキル向上の目標だけでなく，子どもたち一人ひとりにとって社会化を妨げそうな行動についても話し合うとよいでしょう。観察結果を共有し，問題行動の発声と持続の原因に関する仮説を話し合うことは，介入のあり方や，指導内容の実施方法を決める判断材料となります。例えば，関心を引くために騒ぐ子どももいるかもしれませんし，グループから抜け出したいために，不適切に振る舞う子どももいるかもしれません。1回目と2回目のグループセッションでの観察データを基に行った，あまり構造化されていない短い個人別アセスメントの例を図4.2に示します（未記入の例は附録のフォーム4）。

スキルの般化の促進

　グループ形式のものを含め，ASD児向けのSSTを用いた介入が抱える限界の一つに，般化がうまくできないということがあります。つまり，子どもは，グループセッションなどセラピーの場では目標のソーシャルスキルを学び，そのスキルを適切に使うかもしれませんが，学校や他の社会的環境ではうまく使うことができないということです。次に述べる提案を実行すれば，スキルの般化が促される可能性がありますが，絶対にそうなるとは言い切れません。トレーニングの効果を般化させることは難しいですが，最も重要なことでもあります。般化を促進す

対象児：ジャクソン　　　年齢：8歳2カ月

親／保護者からみたソーシャルスキルの懸案事項／目標
：友達がいない、あまりにボーッとしていたり、他者のあまりに近くに立ったりするのでからかわれてしまう

本人のソーシャルスキルの懸案事項／目標
：学校で他の子どもにからかわれること

グループセッション中の本人に対する観察（例えば、好きなこと、嫌いなこと、興味関心、強み、つまずきなど）
：ほめられることと認められることが好き。まわりのものによってすぐに注意がそれる。
フリータイムやおやつの時間に他のメンバーと話すのが特に好き。

ソーシャルスキルの目標：

スキル／行動	使用される指導法	家での練習のための方法	ごほうび／その他考慮すべきこと
仲間と会話を始める	紹介するときの特別な合詞を教える	合詞を両親や姉と一緒に練習する	練習するたびにフリータイム（10分間）のごほうび。ただし一晩に一回のみ。
適切なパーソナルスペースを維持する	パーソナルスペースの必要性についての教育、ロールプレイを行う	ショッピングモールと学校で人々を観察するときと、一人は話すとき、どれくらい近く／離れて立つのか？	適切なスペースを守ったときには褒める

社会的に適切にふるまうことを妨げている行動：

行動／懸案事項	先行事象（行動の前にあらわれ、行動を促すもの）	結果（次におこる、行動を強化するもの）	可能な介入方法／指導法
席から離れる、部屋の中を歩きまわる、窓の外を見る	何かが面白そうに見えると、彼は席にとめる	席に呼び戻され、他の子どもたちやグループリーダーの注目をあびる	グループ活動や授業の前に席についているようにセルフモニタリングや、リマインダーを教え、ちゃんと席についていられたらポイントを与えるとよい

図4.2　グループセッションを2回行った子どもの機能的アセスメントの例

る方法を系統立てて実施しなければ，どんなSSTも，実際の効果は微々たるものに終わるかもしれません。以下に，いくつかの注意点を挙げました。

- 一般的に同年代の定型発達児をグループに参加させることは有益です。年齢にふさわしい言葉や行動のモデルとなるし，他のメンバーの行動に対する即時の反応（「今，僕の話をさえぎった。それって，むかつくよ！」など）を含め，直接的なフィードバックを与えてくれることがよくあるからです。
- 複数の「トレーナー」を使うことは概して有益です。例えば，二人以上の「リーダー」がスキルを教えたり，子どもを手助けしたりするとか，グループに先生役の子どもを参加させるとか，スキルの指導と練習の一部を親やきょうだいなどに担ってもらうおいった方法があります。子どもが何らかの手掛かりや台本を，たった一人の人からのみ受け取るようになってはならないからです。
- グループセッションで一つのスキルを覚えて練習したら，（宿題などを通して）グループの外で，親やきょうだい，地域の他の子どもたちなど，その子の生活にかかわる他の人たちとも練習するのが望ましいでしょう。

　スキルの般化と，グループ終了後のトレーニング成果の維持を図るうえで，最後に考えなければならないのは，グループの終結をどう構造化するかです。同じような仲間とのSSTグループは，多くのASD児にとって，非常に強力な経験となります。彼らは，似たような仲間と出会ったうえに，多くは生まれて初めて，同年代の子どもと一緒にいて受け入れられたと感じ，安心感をもつのです。ASD児たちにとって，セラピーの終了時に，他の子どもやリーダーたちにさよならを言うのは，感情的につらい場合もあります。しかし，これは同時にすばらしい学びの機会でもあります。子どもたちは，仲間や友達にかかわるこのつらい気持ちをどうコントロールするか，そして，大人が組織した活動以外の場でどのように友情を維持するかを学ばなくてはならないからです。

　最後のセッションになる前に，セラピーがあと何週間で終わるのかを話してお

くのも役立つことがあります。また，セラピーの間にできた友達と，グループ終了後に連絡を取り続ける適切な方法について，基本的ルールをいくつか決めておくのもよい考えです。ASD 児は，自分の電話番号を先に教えずに相手の電話番号を聞いてしまったりして，図らずも友情を他人に「押し付ける」ことがあります。あるいは，グループ全員の前でたった一人のメンバーだけに電話番号を尋ねたりすれば，知らないうちに他者の感情を傷つけるかもしれないということが理解できていないようにみえます。リーダーは，グループが終了する 2・3 週間前に以下のようなことを言って，この話題を提起するのがいいかもしれません。

「今回が終わると，私たちが集まるのは，あと 2 回だけになります。つまり，再来週の木曜日が私たちの最後のグループセッションなのです。みなさんに会えなくなったら，私はきっと毎週さびしく感じることでしょう。
　来週は，その最後のミーティングのために，特別なパーティの計画を立てたり，今まで学んだことについて話し合ったりします。それから，みなさんがこのグループで出会った他の人と連絡を取り続けたかったらどうすべきかについても話し合いをします。もし，親御さんが承知すれば，グループ以外の場所で会ってもかまいません。けれども，ルールが二つあります。まず，誰にも電話番号やメールアドレスを聞かないでください。誰かに連絡したかったら，そのかわり，まずあなたの電話番号とメールアドレスを相手に教えてください。2 番目は，あなたが誰かに連絡先を教えるときは，必ず，あなたとその相手しかいないところでしてください。そうすれば，あなたが知らないうちに誰か他の人の気持ちを傷つけてしまうこともありません。この件については，来週もっと話をしましょう」

最後に，私は最終グループミーティングで，特別な「締めくくり」の活動をよくします。子どもたちがセラピーで学んだスキルを強化しながら，同時にグループで経験してきたことを思い出す具体的な記念品を作る活動が望ましいでしょう。一つの方法は，セラピーで習ったスキルをまとめたメモリーブックの制作で

す。このエクササイズは子どもにとって楽しいものとなるし，計画もとても簡単です。色鉛筆，マーカー，色画用紙，ホチキスというようなものを使って，子どもたちがそれぞれ数枚の紙で「本」を作り，片側をホチキスで留めれば完成です。リーダーは子どもたちに各ページのタイトルを次のような指示します。

- 私の名前は……
- 私が好きなことの一つは……
- このグループで出会った子は……
- 私が上手になろうとしたソーシャルスキルは……
- 私がとても上手になったと思うことの一つ……
- これからも磨いていきたいスキルは……
- このスキルを磨き続ける2つの方法は……
- 他にこのグループについて覚えておきたいことは……

グループを作るときに考慮すべきこと

グループ内に心地よさや親密さを築く

セラピーグループを始める前に，グループリーダーたちは，グループの焦点（指導の全体的目標，つまり内容）を決め，望ましいグループダイナミクス（プロセスの要素）について話し合っておくのがよいでしょう。スキルグループははっきりとした目的，つまりメンバーのソーシャルスキルを磨くことを意図して行われ，開始と終了の時期が決まっていないグループよりもはるかに構造的で教授的ですが，セラピーグループであることに変わりはありません。グループセラピーはやりがいがあるものですが，ときに複雑で難しい場合もあります。リーダーたちはグループメンバー一人ひとりのニーズと経歴に関する共通理解をもち，SSTグループ内に，一体感と安心感を作り出すように力を注ぐ必要があります。

そのような一体感と率直にものを言える雰囲気を促進する方法の一つは，リー

ダー自らが経験した社会的困難についてある程度の自己開示を行うことです。例えば，一人のリーダーが，高校の時にあまり人気者ではなかったので，よく「のけ者」のように感じたといったようなことをグループの中で話すと，個人的なことを打ち明ける度合いの手本となりますし，他のメンバーが自分の社会的困難を打ち明ける後押しにもなります。もちろんリーダーたちは，自分のことをどの程度話すのか注意しなくてはなりませんし，その話が，グループの他のメンバーと関係のあるものにしなくてはなりません。

先生役の子どもはここでもまた，自己開示の強力な「モデル」となりえます。グループ形式の大きな利点は，互いに支え合い学び合える仲間がいるということです。グループにいるときに，安心感や居心地の良さを感じることができなければ，この大きな利点は失われてしまうでしょう。

機能レベル

もし，ASD 児たち全員に当てはまる重要なことを一つだけ挙げろと言われたら，それは ASD 児には，機能において非常に激しいばらつきがあるということです。グループを組織するセラピストたちは，グループメンバーの選定にあたって，診断上の分類以外の要素も考慮しなければなりません。言葉を話す能力，言葉を理解する能力，そして，（実年齢だけでなく）全般的な成熟度です。

さらに，リーダーたちは不適切で不適応な行動がグループ内で許容される限度を考えなければなりません。例えば，かんしゃくを起こす子どもや激しい攻撃性を示す子どもはグループメンバーとして受け入れられるだろうか，あるいは，違うグループか違う種類のセラピーで対応するべきだろうか，というようなことです。

グループメンバー間の差異を特定の面で制限しようとすることは，学習を助け，一体感を築く助けになります。

女子対男子

グループの性別構成を考慮しなくてはならないことはしばしばあります。

ASDと診断されるのは，女子より男子の方がはるかに多いので（男子対女子の比率はおよそ4：1），ASDの女子のニーズだけに取り組むグループを作る（女子だけのグループを作る）のは，臨床状況によっては，不可能でないにしても困難なことがあります。男子のいるグループ形式の介入にASDの女子がたった一人で参加することは，有害であるどころか孤立さえ味わわせる経験になるという証拠があります。(Barnhill, Cook, Tebbenkamp, &Myles, 2002) 年長の子どもやティーンエイジャーの間では，女子と男子の興味は大きく異なることがあります。グループメンバーの1人が性的に不適切な行動（例えばズボンを下ろしてしまうなど）を抱えているときは，それもまた心配の種になります。しかし，私は，男女混合のグループをそれほど苦労せずに運営してきました。それどころか，スキルを練習するのに，同性と異性の両方の仲間がいるというのは有益だといえます。子どもは学校のような他の場所でも男子，女子両方と交流するからです。つまり，男女混合のSSTグループは非常に有益になりうるし，そのようなグループが必要な場合も多いでしょう（例えば，女子だけのグループを作るのが難しいため）。しかし一方で，リーダーは，常にそのようなグループの成功を阻む要因に常に注意しておくべきです。

誰がグループリーダーになるか？

少なくとも，二人の大人がリーダーの役割を果たすために部屋にいるべきで，それには三つの理由があります。一つ目の理由は，先に述べたように，指導者が複数いると，学習したスキルの般化を促進するのに役立ち得るからです。次に，リーダーが二人いると，運用実施面で便利な場合が少なくありません。もしリーダーの一人が突然一人の子どもと一緒に外に出たり，ゲームや活動の準備をしたりする必要が生じても，他のメンバーへの指導を中断せずに続けることができるからです。

3番目の理由は，リーダー同士の社会的相互作用が手本として役立つからです。リーダーたちは，常に社会的相互作用のモデルになります。お互いに対する社会的行動もグループメンバーに対する社会的行動も，振る舞い方の模範なのです。

男性と女性の適切な相互作用——非常に多くのASDの子どもたちが苦手としているようにみえるスキル——を示すためには，男性・女性それぞれ一人ずつのリーダーがいるのが望ましいかもしれません。しかし，こうした組み合わせは可能でない場合が多いですし，純然たるケーススタディに基づいていえば，リーダーの性別が子どもの参加度や成果に与える全体的な影響は大したものではないと私は思っています。リーダーの両方に，ASDについてのある程度の知識と，ASDの人と交流した経験と，過去にグループセラピーの場に立ち会った経験がなければなりません。

グループセッション中に起こる問題をどのように解決するか

　どんなに多くの予防的または先行介入的アプローチを取ったとしても，妨害行動の問題が生じるときはあるでしょう。グループセッション中にそれにどのような対応するか（あるいは，対応するかしないか）は，一般的にその行動の深刻さと，特にグループの活動に対する妨げの度合いによって変わります。私が行ったあるセッションでは，一人の男の子が，繰り返しズボンの中に手を入れるということがありました。この明らかに不適切な行動は，他の子どもたちを動揺させ，セッションの内容に集中するのを邪魔していました。副リーダーと私はその行動について後で話し合い（先行事象と結果：図4.2参照），それから，その子の親にもその行動についてたずねました。結論は，その男の子はわざと下品で妨害的な真似をしようとしているのではなく，むしろその行為を行うのに適切な場所とそうでない場所を区別できていない，ということでした。

　彼は公的な行動と私的な行動との違いを理解していませんでした。また，この行動は，彼が退屈した時やその場で起こっていることにあまり関心がないときにやる習慣のように思われました。しかし，その行動は，グループにとっては極めて妨害的で，他の子どもたちは注意をそらされ，時には彼のことを笑ったり，やめるように怒鳴ったりしていました。この問題に取り組むのに，私たちは，非言語の合図（ひざに手を置く）を使いました。その子がその行為を始めそうに見えたとき，合図を送ったのです。この合図は目立たなかったので，グループの相互

作用の流れを妨げることはありませんでした。もちろん，その行動の頻度が減ったときには彼をほめ，彼はこの成果を誇りに思いました。ただし，グループの中では，この行為にうまく取り組むことができましたが，公的な場所で「私的な」行動を取ることはその後も続きました。彼の母親は，個々の心配な行動についての個別化された「ソーシャルストーリー」を作ることが（第5章で詳しく述べますが）彼にとってとても効果的であることに気づきました。

　別な例では，あるSSTグループに参加している一人の女の子が，主に興奮した時や仲間とどう交流していいかわからなかった時に，わいせつな言葉を繰り返し使うということがありました。この行動には「三振ルール」がとても効果がありました。

　1回のセッションのうち，最初の違反はただ警告を受けるだけです。もしこの違反が再び行われたら，1分間，部屋の外に出ていなければなりません。そして，3回汚い言葉を使ったら，セッション終了まで部屋から追い出されます。彼女にこの方法がうまくいったのは，「友達」と一緒にグループにいたいという欲求が強かったからです。実際，彼女は「三振」して，ミーティングの間じゅうずっとグループから追い出されるということは決してありませんでした。この結果を重んじる方略の他に，「代替」行動，つまり，仲間ともっと適切に交流するのに役立つスキルを教える方法も用いました。彼女が興奮した時や困惑した時に汚い言葉を使いがちだということは，観察アセスメントから明らかだったので，まず最初に，グループ全体に教えた感情認知および感情モニタリングの指導モジュールの一部として，そのように感じ始めた時をどう認識するか（自己モニタリング）を彼女に教えました。彼女が自分で見つけ出した代替行動には，リラクゼーション法（2回深呼吸をする）と，心を落ち着けるためにグループの交流から自発的に離れて，短い休憩をとる（トイレに行ってもいいか尋ねる）というものがありました。

適切な社会的イニシエーションと反応を改善するための方略

　一般的な社会的状況における相互作用の開始と反応を練習させるために，グループリーダーが使える活動やゲームは数多くあります。

チェッカー積み
　この活動はあらゆるボードゲームのピース，あるいはポーカーのチップ，他のコインを使ってもできます。このゲームの目的は，会話をするときに交代で話す練習と「話題からそれない」練習をすることです。メンバーの一人が自分の選んだ話題で会話を始め，チェッカーのコマを置きます。そうしたら仲間がそれに答え，2つ目のコマを上に重ねます。通常，他のグループメンバーは聞き役を務めることができますし，もしも会話をしているどちらかのコメントが話題からそれたものだったり，（一人で話続けるなど）順番を守れていなかったりしたら，その子はコマを置くことができません。そしてゲームは最初からやり直しとなります。

　同僚（K・ケーニッグ）と私はこの活動を競争形式に発展させました。グループを二人ずつの「チーム」に分けて，メンバーはどのチームが駒を一番高く積み上げられるかお互いに見守るというものです。このゲーム形式では，それぞれの子どもが少なくとも2回参加できるようにして，1回ごとに違うパートナーと組むようにしました。一番高く駒を積み上げたプレイヤーやチームは，その日のおやつやフリータイムにするゲームを選べる，というルールにしてもよいでしょう。

スターターとコネクター
　グループの子どもたちに，新しい会話を始めるためのとても短いフレーズまたは台本（「やあ，元気？」など）と，会話を続けるための「コネクター」を教えることもできます。コネクターはふつう，うなずくなどの非言語の合図であったり，興味があるということを示す一言（「いいね」）だったりします。メンバーは

スターターとコネクターの両方を練習できるようにグループ内で練習します。最初の練習のときは，スターターとコネクターをいくつかホワイトボードに書いておき，そのあと徐々に消していくと効果的かもしれません。視覚的なヒントを取り去ったり消したりするとどうなるか，確かめてください。リーダーの一人が言葉でちょっとしたヒントを与えて，何をするべきか，あるいは言うべきかを思い出させる必要がある子どももいるでしょう。

　この活動はグループ形式でも個別のSSTでも使うことができます。私が特に気に入っているのは，練習している人がコネクターを使ったとき，誰か（この練習を1対1で行うときは会話のパートナーかセラピスト，グループで行うときは他のメンバー）が，記録をとるというやり方です。例えば，何らかのコネクターが使われたら，グループの仲間の一人がホワイトボードに♯のマークを書いたり，指を1本ずつ立てたりするのです。

- スターターの例
　　人に小さく手を振る；その人が近くにいるときは会釈する；微笑む；「こんにちは」または他の挨拶の言葉を言う
- コネクターの例
　　うなずく；微笑む；眉毛をわずかに上げる；身を乗り出す；簡単な質問をする（「楽しかった？」など）；コメントを一言，言う（「いいね」など）

集団に加わる

　子どもが同年代の社会集団に加わることについて短い物語を読んだ後，まずスキルを誤用し，次に正しく用いながら，(1) 手掛かりを探す (2) 何か言う，という2つのステップを教え，練習します。私たちは，集団に加わってもいいということを示す一般的な非言語的な手掛かり（例えば相手が自分に微笑みかけるとか，相手が自分を見るとか，相手が話しかけようとして手を振るなど）と，「加わってはいけない」という手掛かり——例えば2人の人がささやき合っている時とか，口論している時，自分のよく知らない話題を話している時など——を教え

「加われない」の手掛かり	「加われる」の手掛かり
・人がささやき合っている ・人が何を話しているのかわからない，あるいは，人が話している話題について何も知らない ・口論している ・その他	・人が微笑んでいる ・その会話の話題について知っている ・集団内の誰かがあなたのことを見ている，あるいはあなたに微笑みかけている ・その他

ます。メンバーはリストの両欄「加われる」と「加われない」に手掛かりを追加します。（下記参照）

　加わってもいい手掛かりがあった場合，次のステップは，グループに加わるために何か言うということになります。

　年齢にふさわしい，ごく短いフレーズや挨拶の言葉を説明します。例えば「やあ，僕もあの～（映画など，仲間が話していること）が好きだよ」などです。

会話のボール

　これは会話のスキルと身体を使った活動を組み合わせた楽しいゲームです。各メンバーが交代で新しい会話を始めていきます。話題は，年齢にふさわしく，グループの他の人たちが興味をもてそうなものなら，何でもかまいません。会話を始めた人は，質問をするか，グループの他の人を会話に加わるよう誘うかして，ボールをその人に向かって投げます。その後，全員が交代で同じルールに従っていきます。このゲームの目的は，会話の順番を守り，臨機応変に会話を行う練習をすることと，会話に加わること，そして非言語的な会話のスキル（視覚的な手掛かりの使用）を身につけることです。ボールは，会話がどこでに向かって進んでいるかを視覚的に示す印となります。このゲームでは，次にいつ自分にボールが投げられるのか予測がつかないので，話していない時でさえ，全員が注意を払っていなければなりません。セッション中，効果的だと思われる限りこのゲームを続けてかまいませんが，全員に少なくとも1回は会話を始める順番が来なくてはなりません。もし，会話から締め出されている子どもがいるようなら，リーダーはさりげなく（ボールを渡してもらうよう両手を挙げて一言言うなどして）会話

に入って、締め出されていた子にボールをパスするとよいでしょう。

　会話のボールのアレンジ例は、(1)完全に無言で行う（アイコンタクトのような、非言語の手掛かりだけに集中するため）、(2) ボールを投げる相手の名前を言わなければならない（グループのメンバーがお互いの名前を覚えるのに役立つ）、(3) もしプレイヤーが話題からはずれたことを言ったり、ボールを持ったまま長い間、何も言わなかったりしたら、次の回までその人は座っていなければならない、というルールにして競争性を持たせるなどです。

仲間に言うべき言葉

　この活動目的は、グループのメンバーが新しい、あるいはよく知らない仲間との会話の始め方をみつけられるようにすることです。

　まず私たちは「安全な話題」を3〜4つ見つけ、それから会話を始めるときに使ういくつかの基本的なスキルを練習します。このタイプの活動は、必ずしも台本に従う必要はないけれども、何を言うべきかに悩んだり、いつも適切だとは限らない話題で会話を始めがちな子どもに向いています。この活動は、仲間と非常に専門的または個人的な会話を急に始める傾向にある子どもに特に効果的であることがわかりました。最初のステップは、仲間とのほとんどの社会的接触に使えそうな大まかな話題のジャンルを見つけさせることです。

　以下は安全性の高い話題の例です。

- 学校やクラスで最近あった出来事、あるいはもうすぐ行われるイベント（済んだばかりのテスト、今度の金曜日のサッカーの試合など）
- 週末の予定（1人のメンバーに楽しい予定がある場合など）
- 好きなスポーツやチーム、ゲームについて
- 最近の休日――その日がもし月曜日だったら週末――したことについて

　そのように決めた話題をホワイトボードに書き、参加者が練習中に参考にできるようにします。

グループでの練習に移る前に，リーダーは会話を始める基本的なスキルの一部，つまり覚えておきたいサインについて話しておきます。

- **探すべきサイン**：相手があなたと話す気があるというサインや印に注意を払う。例えば，目が合うとか，微笑んでいるとか，部屋を見渡しているなど。
- **他の人に示すべきサイン**：話を始めるために微笑む，目を合わせる，あるいは他の非言語の挨拶（会釈など）を使う

　どのメンバーも，自分はきっとこのような状況に遭遇するだろう，そこで仲間と会話を始められたらいいなと思う状況を，少なくとも一つ挙げます。そして，他のメンバーに適当な役を割り当てながら，このような状況を順番に練習していきます。

● 第5章 ●

教室でのトレーニング

　ASDなどの障害のある生徒を，通常の教育課程や教室で受け入れることに対する最も強力な擁護論は，おそらく普通の社会環境がASD児の社会性の発達を促進させるというものでしょう（Dahle, 2003）。しかし，普通に機能している同年代の子どもとうまくつき合うための十分な指導と機会が，ASD児に与えられない場合，定型発達児と一緒過ごして得られるはずのメリットは実現しないことが多いのです（Mulick & Butter, 2002）。この章で説明する方略はすべて，従来の公立学校の環境で同年代の定型発達児と共に，ソーシャルスキルを伸ばすことを目的としています。また，これらの方略は通常の教育課程の範囲で実施できるものです。

　「高機能」と考えられるASDの生徒のほとんどは，特別支援級で終日過ごすのではなく，通常の教育課程を受けているのが一般的です。「部分的統合」のようなケースもありますが，この場合でもASD児たちは一日の大部分を普通の教室で過ごしています。学校がある生徒をASDだと判断した場合，学業の達成を支援する特別なサービスや配慮を含んだIEP（個別教育計画）がそのASD児へ提供されることもあります。このような生徒のIEPに含まれる内容としては，テストや課題を行なう時間の延長，特別な席，特別な療法（例：言語療法，作業療法）に毎週一定の時間を割り当てる措置などがよく見られます。しかし残念なことに，高機能ASDの生徒向けのIEPの中には，社会的能力と関連する測定可能な目標を含むものや，ソーシャルスキルの向上を促進する具体的な方略を持つものは，あまり見られません。ただし，これらの不備は必ずしも教育制度や教師やカウンセラーの責任ではありません。

一言でいうと，学校に対してはこの分野における支援が今まであまり行われてきていないのです。ほとんどの教師やカウンセラーや学校管理者たちが，これらの生徒たちの学業および社会的な成功を手助けしたいと心から願っているにもかかわらず，効果が示された介入アプローチが皆無に近いというのが実状です。説明責任を強調する気の抜けない環境の中で，学業に関わる必要事項を行うのが精一杯という通常の学校の一日のことを考えると，特別にSSTに時間を割くことは極めて難しいのです。

　このような相反する要素——学校でASD児にソーシャルスキルを教える効果的な方略の必要性，そして教師の限られた時間とリソースを奪い合うさまざまな仕事——を踏まえると，時間やリソースに過度の負担をかけることなく，生徒の一般教育課程に簡単に組み込めるSSTのアプローチに関する知識を教職員が深めることが不可欠となります。方略を実施するのは学校のカウンセラーや生徒支援員でも，普通教育の教師でもかまいません。この章では，ASDの生徒のソーシャルスキルの弱さを学校でアセスメントする際の考慮点，学校環境における全般的な介入アプローチ，教室に取り入れることができる具体的な方略という，3つの関連テーマを取り上げます。

問題の評価と理解

　具体的な方略に取り組む前に，ASDの生徒が抱える典型的な社会的問題を十分に理解することが重要です。そこには，何が社会的困難の原因となっているのか，そのような困難を継続させたり助長したりする要因は何か，状況を改善するために今まで試したことは何かなどが含まれます。これらは，問題となっている行動の原因を体系立てて判断する，機能的アセスメントに必要な基本事項です（Hanley et al., 2003）。機能的アセスメントを行う一般的なアプローチについては，第2章で述べましたが，機能的アセスメントは簡単に言えば，「すべての行動には理由がある」ことを前提とした応用行動分析をもとにしたものです。標的行動の一因となるか促進するもの（先行条件）は何か，そして行動の後に起こるため

に，この行動を強化している可能性のあるもの（結果）は何かを理解するために行われ，この情報をもとにして行動の仮説が立てられます（例：その生徒はクラスメイトに注目されたくて不適切な声を出している）。

学校においては，スクール・サイコロジストがこのようなアセスメントを行って，生徒のIEPチームのメンバーと仮説を共有するのが一般的です。教育の場では，行動の根底にある原因について理解を共有することは極めて重要ですが，これは，そのASD児の教育や今後の介入に，教師，両親，スクールカウンセラーなどの大勢の人間が関わるからです。自分の問題のアセスメントに積極的に参加することは，多くのASD児にとって有益です。標的となっている問題の先行条件や結果について，あまり構造化されていないアセスメントへの協力のしかたをASDの生徒に教えることも可能です。表5.1に示すのは，標的とされたスキルや問題に関する生徒自身の意見のほか，仮説やそのスキルを向上させる方略のアイデアを記録する，生徒用の用紙（未記入の用紙は附録のフォーム5）の回答例です。

通常，最初の2〜3回は生徒が用紙に記入する際にスクール・サイコロジストまたはその他の介入責任者が手を貸しますが，その後，新しい行動が対象となるにつれて，さらに生徒自身に機能的アセスメントを行う責任を与えるようにします。このように生徒を参加させる目的は基本的に2つあります。それは問題に対する生徒の生の意見を直接得ること，そして自分の問題を非常に実用的かつ問題解決的なやり方で，考える練習をさせることです。

アセスメントが終わると，先行条件や結果を修正したり，同じニーズや目標を達成するもっと適切なスキルをASD児に指導するなどの介入を実施します。その後さらに行動を観察します。このサイクルは行動管理ができるようになるか，少なくとも大きな改善がみられるまで繰り返されます。機能的アセスメントは，問題のある行動の解決だけでなく，社会性の問題の理解を深めたりソーシャルスキルを教えたりするのにも役立てることができます。

すべての行動には理由があるという原則は，悪い行為にもよい行為にも同様に当てはまります。機能的アセスメントを通じて，標的とされている行動を理解し

表5-1 生徒記入用に改変された機能的アセスメント

問題は何ですか？ 授業中に分からなくなるし、どうやって質問すればいいかも、質問するべきなのかも分かりません。そうするともっとイライラしてきて、教室を出たくなります。

それはいつ起こりやすいですか？	歴史のクラス、代数のクラス
それはどこで起こりやすいですか？	学校
それはどんな状況で起こりやすいですか？	テストの前に新しいことを学ぶとき
それが起こる前… （先行条件）	内容が理解できないのではないかと不安になり始めました。難しすぎて、自分はこんなクラスにいるべきじゃないと思います。
それが起こった後… （結果）	もっと不安になって、汗が出始めて他のクラスメイトに気づかれることもあります。トイレに行かせてもらうときもあります。でもそうするとクラスに戻ってきたとき、もっと分からなくなります。

この問題や行動を説明できそうな仮説：授業についていけないことについての心配や不安のせいで気が散ってしまい、先生が言っていること集中できないので、逆にもっと内容が分からなくなってしまう。

ソーシャルスキルや行動を改善するためにできる1つのことは何ですか？ 授業が始まるときに落ち着いて、先生が言っていることに専念するように心がける。席を外したいと言わない！

たら，適切に交流することやクラスメイトに融け込むことなどを妨げる行動（例：鼻をほじる）を減らし，それらの行動をもっと社会的に受け入れられる行為に変えることが目標となります。理論的に言えば，望んでいるのと同じ結果（例：クラスメイトの関心を引く）をもたらす行為を教えれば――その新しい行為が以前の好ましくない行為と同じくらい簡単に，望む結果をもたらし，悪い結果につながらない限り――よくない行為の代わりに新しい行為が取り入れられるはずです。

介入アプローチ

視覚的な方法

　視覚的な指導方法には，ASDの生徒にソーシャルスキルをうまく教えるうえで多くの利点があります。ASD児は，聴覚的学習法よりも視覚的学習法の方がはるかに理解しやすい場合が多いからです（McCoy & Hermansen, 2007）。ASD児たちにとって，視覚的な手掛かりや表示は非常に気づきやすく便利です。また，多くの方法は教室で他の生徒に気づかれにくい比較的控えめな形で実施することができ，繰り返し使うこともできます。ASD児はスキルを実行する前に，例えば視覚的な手掛かりやストーリーを必要なだけ何回でも参照することができるのです。

　ビデオモデリング法は，子どもの社会的に適切な行動を増やすという経験的支持を受けた視覚的介入法であり（Nikopoulos & Keenan, 2007），新しい教室に慣れるなどの目的のため，学校環境での使用に合わせてうまく作り変えることができます（McCoy & Hermansen, 2007）。また，この方法は臨床の場で使うことも両親が家庭で使うこともでき，さまざまな状況において同じ方法でスキルを教えられるため，般化を促すのに非常に便利です。多くのASDの子どもはハイテク機器にもともと関心を持っているため，ビデオモデリングは特に興味を引きつけられます。ある場面をテレビやコンピュータの画面で観る方が，ライブの演劇で観たり文章で読んだりするより，興味がわくのです。ASD児の多くは反復を好

み，複数回の学習取り組みを必要とするため，何度も繰り返し観ることができるのはビデオモデリングのレッスンのもう一つの利点と言えます。実際に現実の状況（例：学校の行事）に臨めるようになる前に，期待される適切な行動をASD児に実演してみせた方がよい場面は多数あります。知識があってもうまく実行できない，上手に使えない生徒（第1章参照）に対してもモデリングは非常に役に立つことがあります。ビデオはスキルが実践されている様子を描写することが多いのですが，まず間違ったやり方を，次に正しいやり方を見せると役に立つことがあります。

　ビデオにおける俳優やモデルは，対象としている生徒の年齢や他の特徴に近いことが理想的です。生徒や標的とする具体的なスキルによっては俳優・モデルは同年代の子どもや兄弟でもよいし，生徒自身が標的のスキルを実演してもよいでしょう（McCoy & Hermansen, 2007）。ビデオは約1分までとし，長くする必要はありません。また，教師と親が生徒のニーズに合わせて共同でビデオを作成することもできます。教師が最初の2〜3本のビデオを作成し，その後，必要に応じて両親が手伝ってさらに数本作ってもよいかもしれません。成果をより高めるため，ビデオモデリングは実習訓練（Haring, Breen, Weiner, Kennedy, & Bednersh, 1995）や強化法など，その他の介入技法と組み合わされてきました。

　ビデオモデリングの一例として，ASD児が新しい学年が始まることや新しい先生のクラスに行くことに不安を感じているとします。その場合，新しいクラスの担任が教室で生徒たちに挨拶し，生徒が適切な返事をする場面を映した短いビデオを親と担任が一緒に作成して，教室の様子や生徒に期待されていることを示すことができます。ASD児は新学期が始まる前の1週間，家でこのビデオを繰り返し見た後，始業式の前に，他の生徒がまだ来ていないうちに担任と一緒に実際に練習します。

　別の視覚的方法として，Carol Gray（1998, 2000）が開発した「ソーシャルストーリーズ」があります。スキルの獲得や適切な社会的行動の学習を目的とする多くの支援アプローチと違い，ソーシャルストーリーズの目標は，ASD児が社会的な関係や出来事――私たちの社会生活における「誰が」「何を」「いつ」「どうして」

――についての理解力を培うことです。創作されたストーリーは，ある一定の状況ではどうするべきかを思い出すヒントとなります。ストーリーは特定の社会的状況を描写した短い物語ですが，ASD児にとって意味のある指導内容にするため，これらは対象のASD児に合わせて作成され，ASD児の視点から書かれています。ソーシャルストーリーズの主な目的は，個々のソーシャルスキルではなく，ある概念や状況について教え，説明することです。ソーシャルストーリーズの内容の可能性は際限なくあり，例えば，昼食時に何を食べるか決めてそれをカフェテリアの店員に伝えるという物語や，先生に指されるのを待つことに関する物語などを書くことができます。

　ストーリーは全くシンプルなものでかまいません。2つか3つの文章だけでできているものもあります。棒線画のような簡単なイラストに手書きのラベルや見出しを付けてもよいでしょう。もっとフォーマルな凝ったものでもかまいません。SansostiとPowell-Smith(2008)はソーシャルストーリーズ（パワーポイント形式）とビデオモデルの両方をコンピュータで見せる介入方法を考案しました。行われた介入の説明によると，子どもたちはまずソーシャルストーリーズを読み，その後，標的とされているスキルや行動がモデルによって実演されるのを見ていました。一般に，新しいストーリーをASD児に紹介する際は，教師（またはカウンセラーなど）がただ「あなたのために先生がお話を書いたから一緒に読みましょう」と言えばよいでしょう。そして，親や兄や姉などASD児が慕っている人々がASD児と一緒に再びストーリーを読むことで，一貫性を促進することができます。スキルの弱さに関係ないソーシャルストーリーズもいくつか作った方がよいでしょう。その子どもの社会的に適切な行動や長所についてのストーリーから始めれば，すでに実践できている行動を褒める機会ができ，それよりも難しいスキルに取り組みやすくなります。Gray(2000)はとても参考になる多くのソーシャルストーリーズの例を掲載した非常に使いやすい本を書いています。図5.1に2つのソーシャルストーリーズの例を挙げておきます。

学校でおかしをもらうこと

学校でだれかにおかしをもらうことがあります。

それはとくべつな日に食べるものなのかもしれません。わたしたちはクラスメイトのおたんじょう日をみんなでたのしくお祝いするためにおかしを食べたり、祝日をお祝いしておやつを食べたりします。

おかしをもらってきた人は、ちゃんとみんなの分があるかたしかめなくてはいけません。

だれかがおかしをくれた時には「ありがとう」と言うのをわすれないようにします。

（学校でおかし を食べられて、 うれしいな。）
（ありがとう）
（はい、あなたの 分のおかしよ！）

分け合うこと

わたしはほかの人と分け合おうとすることがあります。ほかの人がわたしと分け合ってくれることもあります。

分け合うことは、ふつういいことです。

だれかと分け合うと、その人ともだちになることがあります。

ほかの人と分け合うと、分けてもらった人はうれしくなります。

ほかの人と分け合うと、わたしもうれしい気分になることができます。

図5.1 Gray (2000) からのソーシャルストーリーズの例（Future Horizons, Inc.の承諾を得て転載）

自己管理の手法

　この分野のアプローチは教室，家庭，地域社会などのさまざまな環境で応用することができます。多くの場合，ASD 児には，特定の目標に関連した自分の行動をモニターするように指導することができます。例えば，少人数グループや個人を対象とした対人的自発性のトレーニングの後で，指導者が生徒に自己管理プランを開始させます。生徒が標的行動の回数を記録するために使える自己管理の手法には，腕時計型のスコア計数器や手書きのチェックリストの利用など，多くのものがあります。

　小学生であればチェックリストを机にテープで貼っておいてもよいですし，中学生であればクラスに持っていくフォルダに入れておいてもよいでしょう。チェックリストを持ち歩いて一日中自分の行動を忘れないで記録するのは，難しすぎると感じる生徒もいるかもしれません。その場合，昼休みが終わる頃や帰宅するスクールバスの中など，一日の中で一定の時間帯を決めて記録を行うのもよい考えです。

　学校での自発性の回数を増やすことを目指している場合，自発性の回数を各々の ASD 児のフォルダに＃マークを付けて記録するのが簡単なやり方の一つです。目標を毎日または毎週少しずつ上げていき（例：回数を 2 回から 3 回にするなど），適切な自己モニタリングや目標に向けた前進（または目標達成）に対して教師が強化（おまけの自由読書時間を与えるなど）を行います。多くの生徒にとって，一日の終わりに教師と一緒に記録表を見るのは有益です。このような短いミーティングは生徒の努力を褒め，両親によい進捗報告を持ち帰らせる機会にもなります。毎日フィードバックを行えば生徒の意欲を持続することもできます。自己管理のシステムの補足として，両親からの強化も組み込むことができます。目標（例：1 日に 5 回，友達を相手に，適切な社会的自発性を行う）が達成できたと生徒と教師の両者が思ったら，例えば，生徒の親がその晩に生徒の好きなデザートなどの特別の褒美を与えるのもよいでしょう。

　報酬（例：デザート）をこのような状況で使用することに親や教師が懸念を示

すことがあります。報酬だけが社会的に適切な行動のモチベーションとなってしまうのではないか，その子どもは報酬を得るためだけに特定のスキルを実践してみせているだけで，根本的にソーシャルスキルを向上させる気はないのではないかと心配しているのです。この懸念は理解できますが，報酬は行動改善を後押しするのに非常に有益です。さらに私自身の経験から言うと，私が指導した高機能ASD児のほとんどは自分の社会的能力を向上させることを望んでいました。これらのASD児たちに足りないのはモチベーションではなく，スキルなのです。

　人とつき合うことやこの分野の能力を高めることにあまり意欲をみせない生徒については，構造化された報酬スケジュールを組むのが有益であることが研究によって実証されています。Koegel, Koegel, HurleyとFrea（1992）は自己管理の方法によって学齢の子どもたちの社会的自発性を増やそうと試み，強化（適切な行動を数回起こしたあとの報酬）が急速に減少しても社会的自発性の向上は維持されたことを確認しています。それだけでなく，食べ物などの形のある強化子と社会的強化子（例：注目，称賛など）を組み合わせることで，社会的強化子の重要度がむしろ高まることも確認しています。最終的には，物による強化は徐々に減らして社会的報酬だけを与えればよいわけです。実際，自己管理の手法の利点は，責任をASD児に移す助けになりつつ，自動的に継続されることです。しかし，生徒が当初スキルを身につける意欲を持っていない場合，効果的にこの方法を行うには追加の作業や外部的な強化が最初に必要となることもあります。図5.2に示すのは，物の報酬を利用した自己管理の記録表の一例です。

仲間を媒介者とする方法

　構造化されたソーシャルスキルの介入法は，通常ASD児が同年代の仲間と上手に交流を持つことを目標としているのにかかわらず，そのほとんどは大人によって指導されています。そのため，過去10年間のこの分野における研究は，次第に定型発達の仲間との自然な環境（例：教室）における社会的行動により焦点を当てるようになってきています。実際のところ，仲間は立派な共同介入者になる場合が多いのです（概要はRogers, 2000を参照）。

スキル：_____

このスキルを使うたびに、それぞれの欄にチェックマーク［✓］を書き込んでいってください。一日の終わりにご褒美を選べます！

> チェックマーク２つ＝寝る時間をいつもより15分遅くできる！
>
> チェックマーク３つ＝デザートを選べる！
>
> チェックマーク４つ＝パパかママと一緒に好きなゲームができる！
>
> チェックマーク５つ＝パパかママと一緒に週末に特別なお出かけができる！

月曜日：

火曜日：

水曜日：

木曜日：

金曜日：

図 5.2　自己管理記録表の例

仲間を媒介者とする介入には多くの利点があります。大人のみを指導者やパートナーとした介入よりも，スキルを他の状況，場面，子どもたちへと般化しやすいのです。SSTに仲間を組み込むことは将来的観点から非常に有益なことであり，実施する介入の種類によっては，教師の計画時間の負担が少なくてすむ場合もあります。このアプローチは教室にも応用しやすく，概して，その中で助け合う雰囲気も生み出します。しかし，仲間を媒介者とするアプローチについての研究は，就学前の年齢の子どもたちを対象に行われたものがほとんどです。仲間を媒介者とする方法をより年長の生徒に実施する効果的なやり方は何かを明らかにするにはさらなる研究が必要です。ASDの青少年は，年少のASD児や大人と比べ，同年代の仲間との交流を一層困難に感じることが多いことを考えると，この分野での新たな研究は特に重要であると言えます。

　定型発達の仲間に参加してもらう介入は，構造化のしかたや仲間の果たす役割という面で非常に多様です。このような介入法は，最低でも，教室内に生徒同士が助け合う温かい協力的な雰囲気を育みます。教師はグループでのプロジェクトを生徒に行わせ，その際ASDの生徒をソーシャルスキルのある親切なクラスメイトと組ませ，クラスでのけ者にされるASD児がいないようにすることができます。生徒にプロジェクトのチームやグループを選ばせることは，ASDの生徒が最後まで残ってしまうことがあるため避けるべきです。言い換えれば，もっと大人数のグループが必要な場合，生徒自身の選択以外の方法（例：出席番号やくじ引きに基づくグループ決めや，教師が割り振ったグループなど）が一番うまくいきます。

　あまり形式張っていない仲間参加型のペアやグループとして，昼食を取る際のグループ——通常，教師や他の大人によって決められます——と，クラス全体で行う二人組システムがあります。LausheyとHeflin（2000）は，教師がペアの組み方を毎日変える二人組システムを幼稚園児に実施した様子を報告しています。子どもたちは，自由時間や休み時間などに，誰と組むことになっているか一日の始めに確認します。このようなシステムがクラス全体で実施された場合，生徒全員が自分のパートナーとどのように交流するか指示を受けます（例：「決められ

たパートナーのそばにいて、おしゃべりしてください」)。年長の生徒なら、そのような二人組を作るのは、体育や自習などの比較的構造化されていない特定の授業や時間割の中が最適かもしれません。ASDの生徒を継続的に手助けするよう、一人の生徒を指名したり、その生徒に依頼したりする場合は、もちろん、何をすべきか、何が求められているのかについてその生徒に十分な指導を施す必要があり、教師は生徒自身に加え生徒の親からも、そのような長期間の仲間による指導に対する同意を得る必要があります

　介入の焦点がソーシャルスキルでない場合でも、仲間の参加はASDの生徒の社会化を増進させることができます。例として、Kanps, Barbetta, LeonardとDelguadri（1994）は、定型発達の生徒がASDの生徒とペアを組んで指導や説明を行うと、その後すぐに休み時間での社会的相互作用が増え学業成績も向上することを確認しています。

　どのように特定のスキルのモデルを示すのか、どのようにASD児にかかわりわり始めればよいのか、どのように励まして適切な行動を起こさせるかなどを仲間に教えてもよいでしょう。トレーニングや介入に仲間を起用するためには、その環境（例：放課後のグループや教室内）で秘密を守るべき度合いや、ASD児の情報を共有することに対する親の希望などを検討する必要があります。介入のタイプやASD児や親の考えに応じて、ASDに関する情報を仲間に提供するとよいでしょう。

　ASDの生徒をクラスで初めて紹介する際、具体的に誰が情報元となりどのように情報を伝えるかは慎重に決めるべきです。例えばMortonとCanpbell（2008）によると、年長の生徒（5年生）は、ASDについての情報が医師によって与えられた場合の方が、その後のASDのクラスメイトに対する態度が好意的だったといいます。一方、年少の生徒（3年生）には、ASDの生徒の母親の方が受け入れられやすかったのです。Mortonらは、ASDについての情報は複数の人から受け取るのが他の生徒にとって最も有益だろうと結論付けています（Morton & Campbell, 2008）。ASDがどのようなものかという基本的情報、そしてそれに関連した強みと問題点の認識が、友達に対する子どもたちの理解と思いやりを深め

る助けとなるでしょう。

　Campbell, Ferguson, Herzinger, JacksonとMarino（2004）は，説明的な情報（例：「ジョーの行動はジョーにはどうすることもできない体の状態のせいなんですよ」）に加え，仲間とASD児の間の共通点を強調した記述的情報も与えると，ASD児に対する仲間の認知上・行動上の態度を向上させるのに効果的であると報告しています。他の障害と同様，どの程度の情報をクラスメイトに伝えるか，またそもそも情報を伝えるか伝えないかという判断はとても難しいものです。偏見や否定的態度が向けられるという心配もあるため，他の生徒ばかりか，時にはASD児の教師や学校の関係者にさえも打ち明けない決断をする親もいます。その一方，障害について打ち明け，ASDに関する適切な教育を行うことは，学校当局とのコミュニケーションを改善し，友達とより協力的な関係を築くことに貢献する可能性があります（Campbell, 2006）。以下に，教師がASD児をどのようにクラスで紹介し，障害について説明することができるかの一例を挙げておきます。この例ではASD児の家族がこのような情報を共有することに同意・承認したとものと仮定しています。

　「みなさん，ルーディを紹介したいと思います。ルーディはグレンデール小学校から転校してきました。サッカーとテレビゲームが好きで，綴りがとても得意です。ルーディにはASDという障害があって，そのためにクラスメイトと仲良くしてお友達を作るのが難しいこともあります。でもわざとしているのではないのですよ。ルーディはお友達を作りたいと思っています。ASDについて質問がある人は先生に聞いてくださいね。では全員でルーディをクラスに迎えましょう」

社会的統合とスキルの育成を促進するその他の方略と活動

環境の改変

　社会化のための介入について Broun, Odom と Conroy（2001）は，最も干渉の少ない形から始めて，ASD 児のスキルの発達を観察しながら干渉の度合いを徐々に強めていく階層的な実施を薦めています。干渉が最も少ない（そして，しばしば見落とされる）やり方の一つに，仲間との社会的統合のための環境の改変があります。比較的簡単な調整が教室での社会的統合や適切なソーシャルスキルの使用を容易にすることがあります。不適切な行動を起こさせやすい注意散漫の要因（例：開いた窓から聞こえてくる周囲の騒音）を最小限にするように ASD の生徒の座席の配置を行う，共同学習の機会を多く与える，遊びや学習の時間に ASD の生徒をソーシャルスキルのある生徒と組ませる，どの生徒同士だと一緒にうまく作業できるかという教師の知識をもとに机を小さいグループ状に並べるなど，教師は対人的かかわりを促進するためにカリキュラムや教室を組み立てることができます。

　また，教師が ASD の生徒の優れた点を強調したり，教室内で特別な役割を与えたりすることもできるでしょう。ASD があるため無口でぎこちない生徒でも，例えば非常に高度な数学の能力があることがあります。その生徒を称えて社会的な自信を培うために，教師は難しい算数の問題に答えるようにその生徒を指したり（それよって，その際立った能力を強調する），算数で困っている他の生徒を助けるように提案したりすることができます。ただし，ここで述べておくべきなのは，生徒が内気な場合や，教師の称賛のせいでクラスメイトから好ましくない注目やねたみを引き起こしたりする場合には，みんなの前でそのような能力を称えると逆効果となる可能性もあります。

　教室内にいると精神的に参ってしまうことがある生徒の場合，「配達係」の役を割り当てることもできます。教師が校長室に何かを連絡する必要があったり，コピーされた書類を取りに行かなくてはならないとき，このような生徒に頼むわ

けです。この「お使い」を行うことによって，生徒は教室の日課を社会的に容認される形で一休みすることができます。ASD児が精神的に参ってきたと認識した時点で（椅子に座って体を揺らし始めたり，困惑した表情を見せたりした時など）教師は校長室に行ってメッセージを伝えるように頼みます。この仕事のおかげでASD生徒は社会的な面目を保つことができ，教室を飛び出さずにすみます。また，特別な責任を持たせることもできますし，ソーシャルスキル（例：校長室で見慣れない大人と会話をするなど）の練習の機会になる可能性もあります。もちろんこのような方法は，短時間は監督されていなくても，学校内で安全でいられると考えられる生徒にしか使用できません。例として，学校から抜け出してしまったり，気が動転すると破壊行動を起こすASD児の場合，監督なしで教室を出ることを許可するべきではありません。

演　劇

　ASDの青少年の中には演劇や芝居が好きな生徒もいます。介入方法としての演劇の効果に関する実証的研究は豊富ではありませんが，芝居や演劇芸術に親しみ，そのような体験を愉しんでかなり上手にやっているASDの青少年は多いのです。芝居や演劇を愉しむ子どもたちは概して，他の子どもの個性を受け入れる傾向があり，偏見が少ないということはもっともな理由かもしれません。このような姿勢は同年代の子どもたちの間に，元気を与えるような温かい雰囲気を生むことができます。

　もう一つの理由として，芝居では言語や言語芸術に重点が置かれるということも挙げられます。言葉こそが表現を行う主な手段なのです。ASDの青少年の多く，特にAS（アスペルガー症候群）の青少年は，自分の読んだものを記憶し，人がすることに「規則」を当てはめる特別な能力を持っています。もう一つの注目点は，芝居やミュージカルでは他の登場人物とのやり取りがすべて台本に書いてあり，指示されたものであることです。もちろん即興劇はその限りではありませんが，推測する必要がありません。これは家庭や学校における通常の交流で求められる，日常の台本なしの交流とは極めて異なる状態です。芝居を演じている場合

（小人数で会話しているときと違い），観客は返事をしないし，ASD児も返事をする必要はありません。ルールと期待されていることが明確であり，やり取りにはASD児が目で追ったり解釈したりしなければならない非言語の手掛かりもないことが多いのです。また，ASD児が会話の中の予期せぬ方向転換について行かなくてはならないこともありません。

　具体的な違いが何であれ，演劇活動はASDの生徒にとって意義のある対人的な交流の手段になることが少なくありません。まだこの時点では確かな研究結果に基づいているわけではありませんが，このような体験は生徒が受け入れてもらえる仲間を見つけ，学業と対人的交流を追求するうえでの成功の機会を得る助けとなる可能性があります。また，クラスメイトとのその他の純粋に社会的な試みに取り組もうという生徒のモチベーションを育てる助けとなる場合もあります。

スキル・トレーニング

　正式なSSTを授業時間内または放課後に行うこともできます。教師やスクール・サイコロジストなどの学校の関係者が先導してプログラムの計画を立てます。予め定められたのカリキュラムを一つ丸ごと実施してもかまいませんし，プログラムに参加する生徒のニーズに合わせてさまざまなマニュアルから引き出したセクションを組み合わせてもかまいません。ASDの生徒のみをプログラムの対象とすることは不可能な学校がほとんどかもしれませんが，その他の障害（例：特殊な学習障害）を持つ生徒を含めることも有益な場合があります。文献のページにASDの子ども向けの構造化されたスキル・トレーニングのカリキュラムをいくつか載せてあります。

学校関係者と親のコミュニケーション

　親に対して，生徒のソーシャルスキル，特に具体的に心配があるスキルについて尋ねることは非常に有益です。同じスキルの弱さが教室でも見られる可能性が高いので，事前に詳しく知っておけば，教師は対処する準備ができ，代わりの適切なスキルを教える選択肢を検討することができます。親としても教育者からの

積極的なアプローチには大いに感謝することがよくあります。以下の事例で見られるように，尋ねることで気遣いを示し，学年期間にわたってのすばらしい共働関係を築く土台とすることができます。

　アマンダが AS と診断されていることを知った新しい担任教師は，5年生の新学期が始まる前に，アマンダの抱える困難や強みについて話し合うため両親と面談することにしました。担任は両親から「アマンダはクラスメイトの行動を誤解することが多く，そのせいで自分は他の女の子たちに好かれていない，女の子たちは自分のことをけなすような話をしていると思い込んでしまうことがよくあり」，「自分の悪口を言われていると思って攻撃的な反応をして停学処分になったことも今まで2回ありました」と聞かされました。その一方，アマンダには社会的な意欲が非常にあることや，馬に対して強い興味を持っていて，馬について読んだり週末に乗馬をしたりしており，夢はお金を貯めて自分の馬を買うことだということも学びました。この知識をもとに，アマンダの担任は学年の始めに，自然と動物ををテーマにしたクラスのプロジェクトをいくつか計画しました。そしてクラスにアマンダのように馬に興味を持つ女子生徒がいたため，好きなテーマ（馬）で一緒にレポートを書くように二人を組ませたのです。また，停学処分につながった過去の言動が繰り返されないよう先手を打つため，担任は毎日昼食後にアマンダと少し会話時間を持ち，午後の時間に休憩や助け（例：カウンセラーと話すこと）が必要か見極めました。学年の始まりは非常にうまく行き，アマンダは自分と同じ興味を持つ友達と仲良くなったようでした。

　教室での様子について親に連絡することも不可欠です。生徒の進歩，問題，行動の目標などを家庭に定期的に報告すると，親からも非常に感謝されます。親は ASD 児が日中に学校で取り組んだことについて励ましたり，練習の機会を提供したり，強化したりするうえで，計り知れない力となり得ます。

事　例

　ASDの「レジー」は年のわりには大柄ですが，社会的には非常に未熟な4年生です。とてもつき合いにくいため，友達のほとんどはレジーとの交流を避けていました。担任とスクール・サイコロジストは，教室内そして昼食時の友達とレジーを数回観察し，「レジーは仲間に対して自己主張が強すぎて，遊び場でも他人に対して威圧的であり，自分の言うとおりに物事をするよう要求する」という問題について両親と話し合いました。レジーは両親にもっと友達が欲しいと言っていましたが，対人的かかわりがうまくできないため，友情関係を築き維持することができませんでした。頑固で社会的に融通が利かず，いったん何かのやり方を決めるとそれを変えさせるのはほとんど不可能でした。そしてこのような態度が友達と共同作業をするうえでの問題となったのです。グループで行うプロジェクトでは，他人が自分の言うとおりにするよう頑固に主張し，他の生徒を説き伏せ，友達が自分の意見やアイデアを主張すると腹を立てました。体育の時間では，競技のルールやチームの決め方について，友達や教師と言い争いを始めることもよくありました。このような状況になると，たいていレジーが叫んだり悪態をついたりしてクラスから退出させられるか，自分から立ち去り，早退となって終わるのでした。言うまでもなく，このようなエピソードのせいで，友達は一層レジーを拒否するようになったのです。

　そこで担任教師はレジーの両親の協力を得て，社会生活の場やグループでプロジェクトを行う中での「妥協」の重要さを説明した簡単なソーシャルストーリーズを作成しました。担任はレジーと一緒に何度かこのストーリーを読み，レジーは小さな3穴のリングバインダーノートに入ったこのストーリーを持ち歩くようになりました。家では，両親に助けられて妹に対して妥協する練習を行い，両親からフィードバックもらい，進歩すると褒めてもらいました。

　レジーの最初の実践練習として，担任は生徒が二人組で美術作品を創作するクラス内での小さなグループ課題を考案しました。担任は事前にこの課題について

レジーに話をし，必要であれば手助けすること，レジーの様子を見守っていることを説明しました。そして，レジーに対してあまり苛立つことのなさそうな，気さくでクラスでもかなりの人気者の生徒をレジーと組ませました。レジーは自分の高圧的なやり方を抑えようと悪戦苦闘していましたが，どのようにプロジェクトを完成させるか相手の生徒にも意見を言わせ，時間内に完成させることができました。その後，担任は，レジーに気づいた点や提案を伝えて，レジーのすばらしい努力を強化しました。また，両親にもレジーの成果をまとめたものを送りました。レジーはそれからもソーシャルストーリーズを参照し続け，最終的にはバインダーノートに他のソーシャルストーリーズも加えることになりました。担任は，引き続きレジーがソーシャルスキルを友達と効果的に練習できるような場を教室で設けました。

● 第6章 ●

クリニックでのトレーニング

　ASD児の社会的能力を向上させるために臨床現場で使われるアプローチにはさまざまなものがあります。SSTは多くの場合，ASD児が同じ年頃の仲間と練習できるもっと自然な環境（例：学校）で行う方が望ましいのですが，クリニックでの個別セラピーが最も適切な介入の場となる状況もあるのです。子どもによってはグループで行う介入への心の準備ができていなかったり，二次的な問題があるため同年代の支援グループに参加することができなかったりします。例えば，強い不安や攻撃性のあるASD児は，少なくとも最初は個別セラピーを必要とすることが多いでしょう。ASD児が問題を十分制御できるようになって初めてSSTを小さなグループで継続することが可能な選択肢になるのです。とは言え，参加が可能なASD児のSSTグループがいつもあるわけではありません。そのような場合，ソーシャルスキルを向上させる個別カウンセリングやセラピーは非常に役に立ちます。

　個別の支援におけるSSTには多数の形態が考えられます。継続的に個別セラピーを受けているASD児に対し，セラピストがSSTの要素をもっと幅広い支援プログラムに盛り込むことはよくあります。個別セラピーを行っているからといって，ASD児がソーシャルスキルを強化するその他のタイプの支援の対象外になるということはありません。ASD児が通常のセラピーに加え，そのセラピストや他の実践家が行うグループセラピーに参加することは可能です。このようなタイプの補助的な支援は実際，ASD児に両方の利点── ASD児を支える治療的関係での継続性と個人向けの配慮，そして学んだばかりのスキルを同世代の仲間を相手にすぐに試す機会──を提供することができます。

この章で述べるアプローチはASD児をマンツーマンの形式で支援しているセラピスト向けのものです。これらの方略は必要に応じて柔軟性を持って使用されるべきであり，ASD児の支援計画に沿ってその他の方略と組み合わされるべきです。ASDの子どもにとって，ソーシャルスキルの向上は介入の第一目的であることもあれば，いくつかの支援目標の一つにすぎないこともあります。ASD児それぞれの異なるニーズに対応するため，セラピストが選択した他のアプローチに，これらの方略が組み合わされることを願っています。この章では，ASD児に対して効果的に利用できる一般的な支援の方法を概観し，その後に具体的な介入方略の例をいくつか紹介します（表6.1を参照）。

　心理社会的な介入方略について話す前に簡単に触れておかなくてはならないのが，適切な場合には，ASD児の担当医師や精神科医と支援・治療について連携する必要があるということです。すべてではありませんが，大勢のASDの子どもが精神科の投薬を受けており，多くの場合はそれが複数の薬だったり，注意欠如や攻撃性などの二次的な問題のための薬だったりします。予期せぬ副作用，多様な治療反応，予測不可能な服薬スケジュールなど（例えばMartin, Koenig, Anderson, & Scahill, 2003）を考えると，薬を処方する者よりもASD児に頻繁に会っているセラピストやカウンセラーが関与する必要があります。そのため，ソーシャルスキルの介入者がASD児の投薬計画を知り，副作用の可能性に気を配ることが不可欠となります。例えば，ASDの子どもに処方される薬品の多くは鎮静作用を持つため，放課後のSSTのグループに参加したり，個別セラピーに参加したりするのを妨げる可能性があります。

表6.1 個別セラピーで社会的能力を培う方略

感情教育と感情制御
- 個々の感情を見きわめる手掛かり（生理的，身体的，認知的，および環境的なもの）を教える
- クライアントが自分の感情の強さを推し量り他人にそれを伝える方法を生み出す
- 強い感情に対処するための適切な方法を見つける（例：コーピング「ツールボックス」Attwood, 2004）

認知再構成
- 視覚的な手掛かりや，クライアントと関係のある比喩や例などを使って考えを知るやり方を教える
- 文字通りに受けとりすぎたり，間違った思い込みをするような傾向がクライアントにある場合，そのような点に取り組む
- 考えを科学的に調べる方法を教え，練習させる

衝突への対応
- 「心の理論」の弱さについて取り組む。クライアントが他人の行動について誤解している場合，代わりとなる説明を行う
- 体系立てられた問題解決法を教える

心理教育
- クライアントの体験を普通のことだと感じさせる
- ASDの長所および短所についての教育を行う
- 誤りを正す指導を提供する（例：友情の性質についての誤解）

クライアントの長所の育成
- 個々の長所や短所を含め，診断の受容を促進する
- クライアントが特に興味を持っていることをセラピーに組み込む（セラピーの成果に対する報酬としてなど）
- クライアントが確実に成功を収められるようにすることで自己効力感を促進する；段階的にスキルを教える

個々スキルの指導
- クライアントの学習形態を念頭に置いて講義形式で教える
- 個々のスキルに対する論理的根拠を説明する
- 必要に応じて自己開示を行う
- 適切なスキルの手本を見せる
- セラピーに練習や課題を組み込む
- 即時に詳細なフィードバックを与える
- 適切なスキルの使用または少なくともクライアントの最善の努力を強化する

全般的な方略
- 親の参加を促進する
- 指導上の信頼関係の重要性を侮らない
- スキルの使用と般化を促すために宿題を利用する
- セラピーのルール（例：時間厳守，宿題をすることなど）やセラピーにおいて期待されていることを明確にする

指導の方法

行動療法

行動療法（Behavior Therapy：BT）は明白に観察することのできる行動に重点を置きます。BTと応用行動分析を基にした介入方法は長い間ASDの子どもに対する指導の中心となってきました（Schreibman, 2000）。スキルのモデリング，望ましい行動の促進，適切な社会的行動の強化などの基礎的なソーシャルスキル指導手法は，どれもオペラント条件付けの原則に基づいています。個別セラピーの状況下で最もよく使われている行動療法的アプローチの一つに，不適切な行動または標的行動と相容れない行動には強化を差し控えつつ，次第に標的行動に近い行動を形成していくというやり方があります。例えば，最初のうちは，セラピストと視線を交わすだけで，褒美がもらえる引換券をセラピー後にASD児に与えます。そして，ASD児のスキルが向上してくると，引換券をもらうには視線を交わしながら質問しなければならないというように条件が厳しくなるわけです。

同じように，注目を引きたくて社会的に不適切な行動を取っているとセラピストが感じた場合，セラピストは意図的にそのような行動を無視し，その行動が止まったら，すぐにまたASD児に注意を向けることにしてもよいでしょう。このような選択的で意図的な無視は，あからさまともいえるくらいに行うのが最も効果的です。例えば，ASD児を無視している間，セラピストが実際に体を背けて完全に目を逸らし，その好ましくない行動が止まったら，すぐに体をASD児の方へ向け直して笑顔を見せるというのも一つの方法です。

ペアレントトレーニングと親の参加

ペアレントトレーニング（第7章で詳しく取り上げるトピック）は通常，クリニックでのあらゆる介入の一部として含まれています。ペアレントトレーニングは，不従順，言語発達，SSTなどのASDの主要な問題，および関連した問題

の多くに対する介入法として長い間利用されてきました（Johnson et al., 2007）。ASD児に対する支援に親の参加が特に必要なのは，主に二つの理由からです。第一に，ASDの人には家族以外のサポートシステムがないことが多いからです。たいていの人が親や家族でなく友達に頼るような場面でも，ASDの青少年には通常，同年代の社会的サポートグループがないため，アドバイスや励ましを両親から受けなくてはなりません。第二に，スキルをうまく使い，トレーニングで得た成果の般化に取り組むには親の関与が必要となります。子どもを対象としたセラピーでは，子どもがセッションとセッションの間に家庭で練習をするのを手助けし，新しいスキルの習得と使用を励まして強化するために，親の参加が必要となることが多いのです。セラピストはASDと，その子どもの具体的な課題点・長所についての教育を親に行い，介入期間を通して両親の質問にいつでも答える態勢でいるべきです。ASD児の社会生活・学業生活において，一般的に親は極めて重要な役割を果たします。このため，ASD児を対象とした個別セラピーへの両親の参加の重要さはいくら言っても足りないほどです。

認知行動療法

　認知行動療法（Cognitive-behavioral Therapy：CBT）はセラピストとクライアント間の協調，および特定の問題に関連したクライアントの思考，感情，言動を調べることに焦点を置きます。メタ認知や洞察などの能力において特徴的な問題があることを考えると，高機能ASDの人の支援を行うときにCBTのアプローチを適用するというのは，何となく違和感を覚えるかもしれません。しかし，ASDの人対して，CBTを適用してうまく支援することができることは立証されています。セラピストや科学者たち（例：Gaus, 2007；Attwood, 2004）が，CBTはASDの人々に適用できると実証しており，初期の予備的研究でも肯定的な結果が確認されているところです（例：Chalfant, Rapee, & Carroll, 2007；Lopata, Thomeer, Volker, & Nida, 2006；White, Koenig, & Scahill, 2010）。CBTの中核をなす調査的方法や問題解決法は，ASDのクライアントの多くに特徴的な，理論的でルールに縛られた考え方に合うのです。

CBT は，基礎的な社会的能力を伸ばすのに特に役立つことがあります。ASD 児は適切な社会的行動の知識や実行に弱さを抱えているだけでなく，「人の立場で考える」「社会生活での非言語コミュニケーションに気づき正確に解釈する」「非言語行動を適切に示す（例：表情）」「自分と他人の感情状態を認識する」など，もっと基礎的なスキルも苦手です。ASD に関連する社会性の困難の複雑さを考慮すると，単に言動に関する基本的なソーシャルスキルの指導をするだけでなく，もっと集中的な支援を行おうという主張には説得力があります。

具体的な介入方略

心理教育

　具体的な診断名に関する情報の提供が，セラピストからクライアントに与えられる最も重要な介入方略の一つとなることがよくあります。私がよく思い浮かべるのは，ASD のある 12 歳の少年が，カウンセリングから得たいことは何かと聞かれて答えた言葉です。しばらく考えてから，この少年は「もっと普通の人のようになりたい……そして僕の社会生活の問題とか不安の問題をなくしたい」と答えました。この少年は自分が ASD だと診断されたことを知っていましたが，それがどういう意味なのか，そしてこの障害がどれだけ多いかなどあまり理解していませんでした。さらに重要なのは，少年が「自分は ASD だから普通でなくて，『普通』の人たちは，人間関係で問題があったり不安に苦しむこともない」と信じていたことです。このような状況で正確な情報を与えることは少年にとって非常に有益であり，自分だけが特別なわけではないと感じさせることができます。この少年に対して私は，ASD が非常に一般的であることや，ASD のない人も含めほとんどすべての人たちが，毎日社会生活に苦悩し，不安に遭遇していることを説明しました。多少の説得と実際のデータの提示（このケースでは，ASD の罹患率の調査の数字と，少年がもつ心配や不安に関する家族へのアンケート結果）が必要でしたが，ASD であることは「異常」ではないと最終的に容認したとき，少年

はあたかも肩の荷をおろしたかのように見えました。もちろん，これで少年の問題のすべてが解決したわけでも，ソーシャルスキルが向上したわけでもありませんが，少年の感情と苦悩を特別なものではないと思わせるのに役立ったのは確かでした。少年は同世代の仲間と交流することに今までより意欲的になり，学んでいるスキルの練習をすることができるようになりました。

　子どものクライアントやその両親に情報を提供する際は，そのとき必要なだけの量の情報を与えることを勧めます。新しい家族を相手に支援を始めるとき，私はクライアントと両親に自分の診断の所見を伝え，診断自体のほか，教育や支援の選択肢などについて質問があれば何でも尋ねるように勧めています。また，親に心配があっても子どもの前では言いにくい場合を考え，私は通常，子どもとは別に両親に何か気になることがあるか尋ねるようにしています。そのような心配には，長期予後，今後の子どもの自立度，検討している代替的な（従来のものと異なる）支援法などに関連するものが多いのです。ここでの目的は，情報が今欲しい場合でも，支援中に後から疑問がわいた場合でも，私はいつでも対応できますと両親に伝えることです。同様に，私は通常，子どもに対しても年齢に合った用語を使って障害について説明し，子どもが最も抱えそうな困難を図で表現してみせています（例として図6.1を参照）。この際に，両親と子どもの両方に何か質問や心配事があるか尋ね，後から質問を思いついたらいつでも気軽に問い合わせるように伝えておきます。

　ASDについてクライアントに教育する際，もう一つの有益な方略として，ASDの人々を描写する一般的な語句を紹介するというものがあります。

　附録のフォーム6に，ASDの人に該当しそうな語句がいくつか挙げてあります。私は初回のセッションでASDについて話し合う際に，このリストをASD児に見せ，自分によく当てはまる単語に丸をつけ，あまり当てはまらないと感じるものにはバツ印をつけるように頼んでいます。ASD児のリストへの回答について話し合うと，自分自身を含めて，人の性格の長所や短所をみる手本を示すことができます。これは「全か無かのどちらかしかない」考え方（例：相手を「カッコいい」か「オタク」のどちらかとして捉え，間にあるグレーの部分に対する認識

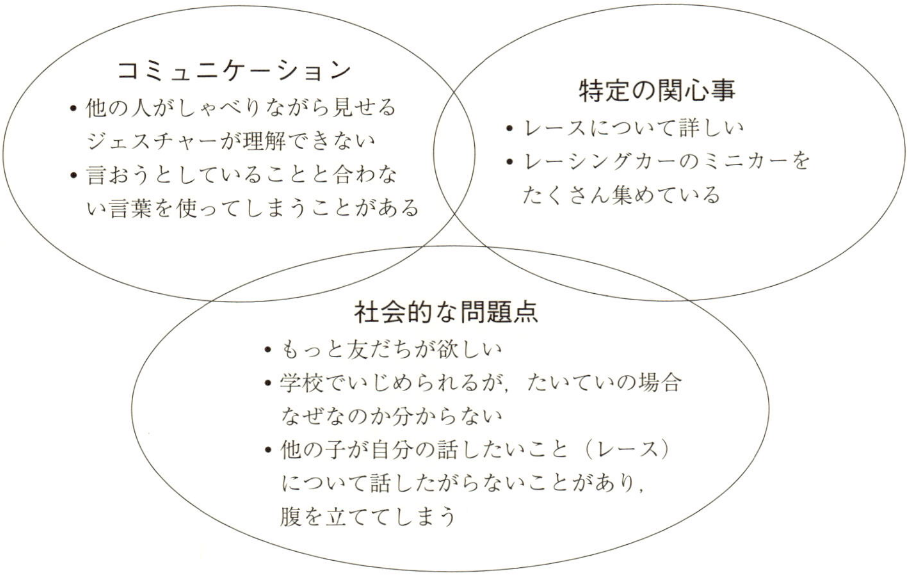

コミュニケーション
- 他の人がしゃべりながら見せるジェスチャーが理解できない
- 言おうとしていることと合わない言葉を使ってしまうことがある

特定の関心事
- レースについて詳しい
- レーシングカーのミニカーをたくさん集めている

社会的な問題点
- もっと友だちが欲しい
- 学校でいじめられるが，たいていの場合なぜなのか分からない
- 他の子が自分の話したいこと（レース）について話したがらないことがあり，腹を立ててしまう

図 6.1　ASD に関連する，よくある心配の視覚的描写

を持たない）をする多くの ASD 児にとって役に立つことが多いのです。また，私としても ASD 児のことを知り，ASD 児が自分自身をどう見ているか理解する手掛かりにもなります。最後に，これは ASD と診断された人々がいかに千差万別であるか，そして ASD には短所だけではなく関連した長所がいかに多いかを例示する便利なツールでもあります。心理教育は通常，トレーニング期間を通して継続的に行われますが，私は ASD やクライアントの特定の診断についてその子が抱いた具体的な質問にはその都度答えるのが有益だと感じることがよくあります。同様に，関連したトピックについて，その場で直接指導することが必要となることも多々あります。ASD 児たちは，本物の友情とは何であるかについて，独特な見解や間違った理解を持っていることが多いのです（Attwood, 2000）。例えば ASD 児は，自分のことをいじめて嘲るけれども，たまに体育のクラスで話しかけてくれる学校のクラスメイトのことを友達だと考えかねません。そのような「友情」は本物ではないという事実を理解することは，ASD 児にとって難し

いことがあるのです。そのため，真の友達の条件や本物の友情を認識するガイドラインについての教育は有益です。

なぜスキルを指導するか，理由を教える

　列に並んで待つときは他人から適度の距離を置いて立つなど，具体的なスキルの基本と暗黙の了解事項を教えること以外に，多くの場合，ASD児には「なぜ」そのスキルが重要なのか教える必要があります。ASD児はそのような理由を知っていて，ただ具体的なスキルを実行する技術的な知識がないだけだと頭から決めてかかるべきではありません。ASDの人の多くは，系統立った指導と，対象のスキルがなぜ自分にとって重要なのかに対する明確な説明を必要とし，その両方を受けることが有効なのです。例として，昼食時にカフェテリアで大きすぎる声で話す傾向があるASDの10代の少年がいたとします。この少年は「室内での声」と「野外での声」の違いなど，声の大きさのコントロールに関連したスキルを学ぶかもしれません。しかし，少年は興奮するといつも「室内の声」を使うのを忘れてしまいます。それに対してセラピストが，なぜ話し声の大きさを調節するのが大切なのか，「そうすれば他の人の声も聞こえるから」「カフェテリアの調理者に敬意を示すため」「不必要な騒音を立てないため」などと説明すると，少年は納得したらしく，適切な大きさの声をもっと一貫して使うようになります。

　SSTプログラムの多くに含まれているアプローチで，ASD児とマンツーマンの設定やグループ環境で使えるものの一つに，「社会生活エピソード」（Social Vignette）というものがあります。ソーシャルストーリーズ（第5章参照）と違い，エピソードはあまり構造化されておらず，通常3人称で書かれています。エピソードは社会生活の状況や問題についての短い物語で，社会生活上の問題解決や衝突の解決などの概念や，スキルを説明するうえで利用されます。そこから，その特定のASD児に関連する社会的困難についての話し合いにつなぐこともできます（Bauminger, 2007）。

　社会生活エピソードは，「なぜ対象のスキルが重要なのか」および「そのスキルを適切に使うことが目標の達成にどう役立つのか」の両方を例示するのに使う

ことができます。特に，自分のスキルや社会生活上の困難に対して言いわけをするASD児に介入を行う場合や，自分の行動が相手にどのような影響を与えているか，ASD児が認識しにくい場合に，エピソードが役に立ちます。以下のエピソードは，もっと友達を増やしたいのに，クラスメイトの嫌がる言動をしてしまい，もっと友達を作るという目標を妨げているようなクライアントに使用することができます。

　「サラ」はとても頭がよくて綺麗な女の子で成績もよかったのですが，一人ぼっちでした。なぜ学校の他の女の子たちが自分のことを拒絶するのか分かりませんでした。お誕生日会にも他の子の家にも呼んでもらえませんでした。とうとうサラは苛立ちのあまり，人気のある女の子たちについて意地悪な冗談を言い始めました。冗談を面白がっている生徒もいて，サラと一緒に笑うこともありました。でもクラスではほとんどの女の子がサラと口をきかなくなり，サラの近くに座らなくていいように机を離しはじめる子まで出てきました。

　このエピソードを一緒に読んだり，ASD児に読み聞かせたりした後，セラピストは「サラはなぜ女の子たちについて冗談を言ったのでしょう？」「女の子たちはどうして机を離したと思いますか？」「学校でもっと友達を作る目標を達成するのに，サラは他にどんなことをすればいいでしょう？」などの質問をして，さらに踏み込むことができます。

　個別セラピーを始める際に使用できるワークシートの例を図6.2に示します(未記入の用紙は附録のフォーム7)。このワークシートの目的は，ASD児が自分の長所と課題を見つけるのを手助けし，課題のいくつかがどのように目標達成を妨げているかについて共通の認識をセラピストとASD児の間で培い，取り組む具体的目標を決めることです。ワークシートは，特定のソーシャルスキルに関して，セラピストとASD児がセラピー期間を通じて参照し続けるツールとしても利用できます。例えば，ASD児が自分の目標の1つは放課後に遊ぶ友達を作ること

第6章 ● クリニックでのトレーニング | 137

誰にでも得意なことや大好きなことがあります。そしてあまり好きでないことや苦手なこともあります。よく考えて下の欄にそれらを書き出しましょう。

僕／私がとても得意なこと（社会的な強み）：
テレビゲーム、戦略ゲーム、歌うこと

僕／私がうまくできないこと（社会的なニーズ／弱さ）：
そのつもりがないのに失礼なことを言ってしまうこと、冗談を理解すること

社会的困難のせいでやりにくいのは……
学校の子たちとしゃべって友だちを作ること

新しいソーシャルスキルをいくつか学んで練習したらできるようになるのは……
人に電話をかけること、
何かをするとき誘ってもらうこと、
夏休み中そんなに退屈しないこと

僕／私の2つの社会的目標： 1. 放課後一緒に遊べる友だちを作る
2. 退屈しなくてすむように、夏休みはなだとすごす

図6.2 目標ワークシートの記入例

だと決めた場合，目標達成を助け，しかもコースを外れてしまうたびに目標を思い出せるような特定のスキルに取り組むことは，やる気を非常に高めます。

マインド・リーディング（Mind Reading）と共感

他人の思考，感情，意図を認識し解釈する能力に弱さがあると（Baron-Cohen, 1995），対人相互作用に深刻な影響をもたらすことがあります。以下の例を考えてみてください。ASD児の「トーニャ」が算数のクラスで一番後ろの席に座っています。教師が宿題を配り，生徒は一枚取って残りを列の後ろの生徒に渡していきます。しかし，トーニャの前に座っている女の子はトーニャに宿題を回してきません。トーニャは腹を立てて，その女の子に向かって「なんで宿題をくれないの！ バカ！」と叫びました。実は，女の子が取ったのが宿題の最後の一枚で，後ろに回す分がなかった——つまり教師がこの列に配った宿題は一枚足りなかった——のですが，トーニャはそのことに気づかなかったのです。要するに，トーニャは教師によるうっかりミスをクラスメイトの意図的な意地悪だと誤解したわけでした。

「心の理論」のスキル，つまり他人の思考や感情を考慮する能力は，ASD児でも向上させることができます。Howlin, Baron-CohenとHadwin（1999）は，写真，絵，文章を使って感情を描写し，段階的にスキルを教えるアプローチを考案しました。ASD児はまず人々の基本的感情を識別する練習を行い（例：顔の絵を見ながら），言葉で描写された状況をもとに他人の反応や感情を予想します。セラピストは，ASD児のスキルが向上するまでさまざまな感情を幅広く描写して，解釈させます。

セラピーでは，クライアント自身やクライアントの「心の理論」のスキル向上にとって適切である場合，カウンセラーが個人的な感情や反応を伝えた方がよいこともあります。私が支援した学齢期のASD児「アーノルド」は，自分がその時読んでいる本をセッションに持ってくると言い張りました。アーノルドは熱心な読書家で，SF小説に特に強い興味を示していました。毎回，ロビーでセッションを待つ間に本を読むのですが，たとえセッションが始まっても自分が読んでい

た段落や章を読み終えるまで本を閉じることができませんでした。私はアーノルドが読み終わるまで待たなければならず、セッション開始が遅れることがよくあったため、この習慣は支援の妨げとなりました。ある日のセッションで、私たちはアーノルドと兄との関係について話し合っていました。前の晩にアーノルドがテレビ番組を見ていたとき兄がチャンネルを変えたことを「無礼」だと感じて、とても腹を立てていました。私は共感してみせ、それからやんわりと兄の視点を考える手助けをしようとしました。アーノルドは、自分がテレビを1時間以上見ていたこと、そして兄の好きな番組が始まろうとしていたことを認めました。この会話から、相手にそのつもりがなくても、こちらには無礼だとか思いやりがないなどというふうに思えてしまうことがあるという話になりました。そして、これは教育のための適切な例であると感じたため、私はアーノルドがセッション開始後も本を読み続けると主張することへの不満を優しく示し、わざと怒らせようとしているわけではないと分かっていても、それが私をどのような気持ちにするか（例：苛立ち、無視された気持ち）説明しました。アーノルドは、セッションの始めに本を読む習慣がいかに私の気持ちに悪影響を及ぼすか、そして教室内や親戚の家を訪問したときなどの他の状況でも、同じような行動がいかに他人を苛立たせたり無視された気分にするかを知って驚いていました。アーノルドと私はその後も、他人の気持ちや考えを解釈するスキルや、自分の言動が他人の考えに与える影響の理解に取り組みました。

感情教育と感情制御

　概して、認知的には高機能であるASDの子どもでも、自分の情動に関する情報処理をうまく行うことはなかなかできません。言い換えると、ASDの人の多くは、普通は基本的な感情（例：悲しみ）を認識し正しく分類することができるにもかかわらず、もっと複雑な感情（例：恥ずかしさ）については悪戦苦闘することを実証研究は示しています。Bauminger（2002）が説明しているように、このように複雑な感情に関する知識の相対的欠如には、ASDの人が一部の社会的認知を理解しにくいことが含まれます。文化の規範や社会の規則を理解すること、

他人とどのように交流すべきかを認識すること，そして社会生活のなかで自分の行動に責任を持つこと（例：罪悪感や誇りを感じるなど）は，すべて情動の理解や認識に含まれます。セラピーで ASD 児が自分の感情反応を理解したり，感情をさまざまな社会的状況に結びつけるのに苦労することはよくあります。クライアントと行うこの分野のセラピーでは，よく遭遇する特定の問題がいくつかあります。例えば，クライアントは以下のようにするかもしれません。

- 感情状態を認識せずに，一つの考えを特定の言動に結び付ける
  例：クラスメイトと言い争いをした後にどんな気持ちになったかと聞かれて，クライアントが「こいつはバカだと思ったから，そう言ってやった！」と説明する。
- 一つの感情のさまざまな度合いを認識したり適切に分類したりすることがうまくできない
  例：少し腹を立てただけであっても，いつも自分の怒りのレベルを 1～10 の段階の「10」だと評価する。
- 内面的な状態と気持ちの解釈の仕方が理解できない
  例：自分の悲しいという気持ちをうまく分類することも説明することもできない；クライアントの説明では悲しみでなく怒りのように聞こえる。
- 自分の強い否定的感情または肯定的感情に突然圧倒されてしまう
  例：セラピーのセッションで自分の母親との言い争いについて話し合っているとき，クライアントが突然「帰る！」と言って部屋を出て行ってしまうが，数分で戻ってきて謝る。

　感情教育は，セラピーにおける認知的再構成と共に行われることがよくあります。問題の種類によって，情動の理解や感情制御のスキル向上を促進する方法はいろいろあります。多くの ASD 児はまずその感情が何かを認識するための手助けを必要とし，その後に自分の感情の強さを抑えるための手助けを必要とします。Attwood（2004）は，高機能 ASD の人々が感情をコントロールするための臨床

ツールについて詳しく書いています。そのような方略の一つに，個々の感情について「本」を作成するというものがあります（Attwood, 2000）。例えば，ある子どもが使う「幸せ」についての本には，楽しいことをしている本人の写真や，雑誌から切り抜いた幸せそうにみえる人々の写真，その子どもを幸せな気分にさせるイベントや物や活動を思い出させるもの（例：愛犬の写真）などを挿入するとよいでしょう。これらの「感情の本」は，セラピーにおいて特定の感情を示す表情の特徴を識別するのに使われ，感情には度合いがあるということ——幸せは小さなもの（例：満足）もあれば，大きなもの（例：有頂天）もあるなど——を子どもが理解するのに役立ちます。セラピストとASD児は通常，口調，身振り手振り，環境や状況の中のヒントなど，その他の感情の「指標」も見つけます。情動認識を楽しく練習する方法の一つは，それをゲームにすることです。セラピストがさまざまの感情のヒント（指標）を提示し，子どもがその感情を当てるのです（Attwood, 2004）。

　感情調整の方略を見つけ，特定の感情（例：極度の興奮）が適切または不適切である状況を認識することも，多くの場合，支援の大きな目標になります。ASD児が自分の感情を適切に表現できるよう，セラピストはASD児が感情のさまざまな度合いを表現する言葉を増やす手助けをすることができます（本章の終わりにある事例を参照）。ASD児が自分の情動反応の幅および感情を表現するボキャブラリーを増やすことと，自分の感情を社会的相互作用に結びつける能力を向上させることは，多くの場合，重要な臨床目的です。具体的なコーピングツールはASD児の興味と適性をもとにして選ぶべきです。選択肢には，運動，リラクゼーション，好きなことをする時間を作るなどさまざまなものがあります（Attwood, 2004）。私の個人的な経験では，ASD児の多くがほぼ常に一つのツールに頼ったり，その他の使えそうなコーピングツールを試しもせずに却下してしまいます。そのような場合は，判断を下す前に考えられるすべての方略（つまりツール）を挙げて検討する問題解決のアプローチ（150ページの「問題解決」のセクションで取り上げます）が特に役に立ちます。よい方法の一つとして，さまざまなコーピングツールを索引カードに列挙し，ASD児にカードを種類別（例：

家庭で使うツール・学校で使うツール,散歩に出かけるなどの時間のかかるツール,他の友達が使っていたツールなど)に分けてもらうことが挙げられます。

柔軟性の向上

　誰でも自分の思い通りに物事を進めたいものですが,ASD の人も同様です。しかし,ASD やそれに関連した症状のある子どもの場合,自分のやり方を主張して頑なになると大きな問題に直面することになります。このような衝動は支配欲を反映していることが多く,一般的にはクラスメイトがゲームや課題において自分のルールに従わないときや,妥協が必要なときに最もはっきり現れます。

　この問題は個別カウンセリングでうまく対応することができます。まず,クライアントに対して,他の子どもたちがルールに従わないせいで仲良くできないことが今までにあったかセラピストが尋ねます。ここでの目的は,自分の頑固さが社会生活での重要な個人的目標を達成する妨げになっているかもしれないことを ASD 児に認識させることです(スキルを使用するよい理由を与えるとともに,やる気も起こさせるアプローチ)。ASD 児は柔軟性を悪い特質だと捉えていることもあるため,柔軟性がよい結果をもたらすことが多いことを説明するのは極めて重要です。柔軟性——つまり,融通をきかせ,予期しないこともときには起こると受け入れる能力——は人生にとって重要なスキルです。柔軟な方が学校や人生において他人とうまくやっていきやすく,ストレスを溜めすぎるなど不健康な状態も避けやすくなります。この時点では,柔軟性に対する ASD 児の考えについて尋ねることが有益です:「柔軟性を持つというのはどういうことだと思う？ 変化を受け入れてそれに対応するとき,難しいのは何？ 自分の計画した通りに物事が起こらないとき,あなたはどうなる？」

　その上で,セラピストが ASD 児に親しみのある素材を使って柔軟性を具体的に説明します。この説明は,ソーシャルストーリーズや個人的な体験の自己開示でも行えますし,他の手段,例えば ASD 児がよく知っているビデオクリップ,本,テレビ番組などでキャラクターが柔軟性を持って適切に行動しているところを見せるという方法で行ってもいいでしょう。その例の中で柔軟性(例:妥協,他の

人との順番交代）がどのように使われていたか，そして状況が最終的にどうなったかをASD児と話し合います。最後に柔軟性を向上させる具体的なスキルを教えます。やり方の1つとして，スキルカードをASD児と使うという方法があります。何枚かの索引カードに，それぞれ具体的なスキルの説明を記しておくのです。それぞれのカードにはスキルが1つ掲載されていて，それをいつどのように使うかという短い例が書いてあります。以下に具体的な柔軟性スキルの例を挙げておきます。どのスキルを指導するかはASD児がどのようなスキルをすでに持っているか，どのような状況がASD児にとって最も問題となっているかなどASD児個人によって異なります。

- **自分に言い聞かせる**：予期しなかったことに対応するための自分へのメッセージとして何か心のなかで自分に語りかける（例：「予想してなかった事態だけど，僕には対処できる」）。
- **リラクゼーションの手法**：深呼吸する，何か別のことに意識を集中する（意図的な気分転換），誘導イメージ法をする。
- **順番交代**：他の人が自分とは違うことをしたい（しゃべりたい）場合，相手のしたいことをまずして，その後，自分のしたいことをしようと提案する。
- **妥協**：お互いが歩み寄って中間策をとる。
- **ワイルドカード**：ASD児に自分の方略を編み出すように指示する。すでに学んだスキルのいずれかを応用したものでもよいし，全く違うものでもかまわない。例えば，「やっていることを中断して平静を取り戻し，それからやっていたことや会話に再び加わる」「どのように振る舞うべきか思い出すように柔軟性の心的イメージ（アニメのキャラクターでもOK！）を頭の中で作る」など，いろいろ考えられる。

いくつかのスキルが挙げられたら，セラピストはそれらのスキルをどのように（1つずつ，または複数一緒に）実践するか手本を見せましょう。それからASD児が柔軟性のスキルを使うことができる状況を説明し，次にセラピストを相手に

その状況でのロールプレイを行います。理想的なのは，ASD児が実際に（現実の場面でリアルタイムで）もっと柔軟になる練習ができそうな時と場所を認識できることです。

　私はASD児が家で練習できるようにカードを渡すことにしています。スキルをいつ使用してどのような結果になったかをそれぞれのカードの裏に書き記しておくと，ASD児にとって役立つ場合があります。柔軟性の訓練はグループセラピーでも実施でき，同年代の子たちとASD児が柔軟性をもって交流する練習ができるとき，このエクササイズは特に有益となります。ロールプレイは，ASD児にとって最も問題のある特定の状況を再現するのに最も効果的です。例えば私が指導した少女は，クラスメイトが教師の話を聞かなかったり，クラスのルールに従わなかったりするととても腹を立てて怒り，教師にクラスメイトのことを告げ口したり，自分が教師であるかのようにクラスメイトを叱責していました。当然ながらこの癖はクラスメイトたちの非難の的となりました。しかし，少女はセラピーのグループで仲間を相手にして他の生徒の言動に対する受容と寛容の練習をすることができました。前述のスキルカードをゲームの形にして取り入れることもできます。例えば，5つ以上の柔軟性スキルがグループ内で挙げられている場合，グループのメンバーが順番にスキルカードの束から一枚ずつカードを引いて演じて見せ，ジェスチャーゲームの要領で他のメンバーにそれが何かを当ててもらうのです。制約となるのはセラピストやグループのリーダーの想像力のみです！

認知再構成

　思考が自分の感じ方や行動の両方にどう影響を与えるか，ASD児が理解できるよう手助けをすることが，CBT（認知行動療法）の主な目的です。役に立たない歪んだ思考（例：「これは全くひどい！」）を認識することも，状況に対してもっと役に立つ適応的な思考を形成することも（例：「もっとましだったらよかったけれど，世界の終わりというわけじゃないよね」），そして，自分の感情を認識することも，すべて通常CBTに基づく介入の中で取り組まれています。SzeとWood（2007）が，「抽象的な言葉の使用を減らして，ロールプレイや視覚的教

材などの方略をより重視する」「ASD児の特別な興味を指導に盛り込み，例を作成する」「（講義形式ではなく）もっと対話的な教育方法を使う」などを含む，従来のCBTをASD児向けに改変した例をいくつか概説しています。

　ASDの子どもや青少年を支援してきて私自身が経験したことは，最初に時間を取ってASD児が思考，感情，行動の区別を行うことが概ねできるかどうか確認し，これら三つがどのように関連していて，一つ（例：思考）が変化するとその他（例：どう感じるか）がどのように影響を受けるかについて話し合うことが一般的に役に立つということです。漫画やホワイトボードに描いた図など，この関係を表すための絵は多くのASD児にとって有益でしょう。私はASD児に思考，感情，行動の定義を自分で考えさせ，ASD児が定義を覚えて私や両親を相手に簡単に話すことができるようにしています。これに関しては簡単なプリント（図6.3と附録のフォームを参照）があると便利です。

　歪んでいて役に立たない思考の説明をする際，私はASD児にとって関係のある例や比喩を見つけるよう努めています。私が特に気に入っているのはコンピュータのプログラムのバグを喩えとしたものです。

　「思考のエラーというのはコンピュータのプログラムのバグのようなものです。プログラムにバグがあったら，常に正しく動作するとは限りません。間違った答えを出したり，特定の種類のデータを見過ごしてしまうかもしれません。同じように，もし私の思考回路にエラーがあったら，やりたいことができなかったり，特定の種類の情報を無視してしまうかもしれないのです」

　このような例を出したり，よくある認知の歪み（例：破局的思考）をいくつか紹介したりすることは，ASD児が自分の歪んだ思考または役に立たない思考を認識する手助けになります。ASD児が経験した特定の状況に関係させて教えれば，ASD児にもっと抽象的な一般論（下記の実例を参照）として考えさせようとするより，通常は効果的です（次の事例を参照のこと）。注意してほしいのは，ASD児にはさまざまな思考，感情，行動の関係をうまく理解して自分自身の思

思考とは，物や人について私たちが自分自身に語りかけることです。私が持っている思考の例は：

「これは私にはできない」

「私はみんなとは違うのだ」

思考の判別の仕方を忘れないようにする特別な方法は？：

漫画の雲形の吹き出しみたいに，自分で自分に言う他の人には聞こえない言葉

感情とは体中で感じることができる感覚です。私が持っている感情の例は：

不安，怖い，そわそわする

感情の判別の仕方を忘れないようにする特別な方法は？

急に現れて，集中することを難しくするもの

行動とは，私たちが思考や感情を持ったときに私たちの体がすることです。私が取る行動の例は：

腹痛，ときどき泣いてしまう，ママに電話して迎えに来てもらう，体を前後に揺らす，

大好きな映画のセリフを暗唱し始める

行動の判別の仕方を忘れないようにする特別な方法は？

行動はエネルギーが必要で，たいてい他の人にも気づかれるもの

図6.3　思考，感情，行動の区別に関するワークシートの記入例

考を考えること（メタ認知）ができる子もいれば，そうでない子もいるということです。カウンセラーがその子に関係のある例や視覚的ツールなどを使っても，ぱっと理解して概念を適応できない年少のASD児については，認知的要素をそれほど強調しない，もっと行動療法的なアプローチがより有益となるかもしれません。このようなASD児たちも時と共に自分の思考や行動を十分に理解できるようになる可能性があります。よくあるタイプの歪みとそれらの短い説明を以下に列挙しておきます。セラピーの前または最中に，その子ども自身の参照用としてその子特有の認知の誤りを紙に書き出し，セッションとセッションの間の練習用にコピーを渡すと役に立つかもしれません。

ASDの人によくある認知の誤り
- 早とちり・破局的思考：「すべての事実を検討しないで自動的に最悪の事態を予想してしまう」
- 全か無かの考え方：「完璧か満点だけがよくて，それ以下なら自分が出来損ないだということだ」
- 過剰般化：「前に悪いことが起こったのなら，また起こるだろう」

頭に浮かんだ元の思考を再構成つまり変化させて，もっと現実を反映した，ASD児の役に立つ考えにすることは，セラピストの重要な目標です。ASD児が状況について，現実性のある別の思考を持てるように手助けし，役に立たない思考と，もっと役に立つ適応的で現実的な思考をそれぞれ支持あるいは却下する事実を一緒に検討するのです。どのような証拠があれば，最初に浮かんだ思考が正しい可能性が高まるのか？　もう一つの思考についてはどうか？　両方の視点や他の人たちはこの状況でどう考え，行動するかについて，ASD児に科学者のように検討するように勧め，また，セラピーの中で両方の思考を「試着」してみて，どちらが「心地よい」か確認するように勧めます。多くのASD児は，このように論理的に問題を分析することに非常に長けています。私は両方の思考や解釈を徹底的に検討させた後，それぞれの思考がどのくらい正確であるか（ASD児が

検討すべき思考：

「新しい学校では誰も私のことを好きになってくれないに決まっている」

あなたはどのくらいこの考え・意見が真実で正しいと信じますか？
0が「全く間違っている」で100が「全く疑いなく正しい真実」だとしたら，何点ですか？

　　　　点数： 90

では今度はこの考えを支持・却下する事実をみてみましょう。
検討をする際，「前にこういうことがあったか？」「これは他の人にも起こることか？」「他に考えられる理由はあるか？」などの質問に答えるようにしましょう。

支持する事実：	支持しない事実：
前の学校で1人も友だちがいなかった。私がみんなと違っていて，アスペルガーだとみんなは気づくと思う。	前の学校でみんなが知っていたのはもっと小さい頃の，上手なソーシャルスキルを学んでいないころの私だった。学校以外で2～3人友だちを作ったから，できないことはないと分かっている。

この考え・意見を支持する・支持しない事実をすべて検討したうえで，あなたはどのくらいこの考え・意見が真実で正しいと信じるか，もう一度点数をつけてください。

　　　　新しい点数： 45

点数を少しでも下げた場合，どの認知の歪みが働いていた可能性が高いか，選んでみましょう：

　　早とちり，過剰般化

図6.4　思考検討のワークシートの記入例

どのくらいそれを本当だと信じているか），そして最初の思考を信じた場合と 2 つ目を信じた場合ではどのように感じ方が異なるかを ASD 児に聞くことにしています。

年少のクライアントがセラピーで自分の思考を検討する際に利用できるワークシートの例を図 6.4 に示しておきます（附録のフォーム 9 として未記入の用紙あり）。ASD 児が歪んだ思考や思い込みを特定して，その考え方を問い直すのを助ける際は，ASD 児の学習形態や語彙に合わせて変更を加えなければならないことがよくあります。ここに示す例も個々のクライアントに合わせて変更する必要がある可能性が高いのです。しかし目標は常に，社会的な目標またはその他の目標を達成するうえで自分の思考が非生産的なとき，ASD 児がそれに気づくこと，そして ASD 児がよくある状況について，もっと健康的で役に立つ考え方を培う手助けをすることです。

セラピストは必要に応じて思考検討の手本を示し，ASD 児が社会的実験（例：コミュニティに出かけて行って他人の反応を観察する）することを勧めましょう。例えばこのように提案するとよいかもしれません。

「他の子が全く話しかけてくれないと言い張る子どもの場合——これは全か無かの考え方の例ですが——他の子どもたちがいるロビーに一緒に座ってみたり，近くの遊び場に歩いて行って他の子どもたちがどうするか観察してみるのはどうでしょう」

恐らくそのように外に出ている間に，少なくとも一人の子どもがあなたの年少のクライアントに向かって微笑みかけるでしょう。もしかすると「こんにちは」とさえ言うかもしれません。認知の再構成は一回限りの方略ではなく，セッションの間に何度も使われ，さまざまな具体的問題に使われることが多いのです。しかし，ASD 児が自動的に発生する役に立たない思考をうまく認識できるようになり，自分の状況に対してもっと現実的で実りのある考え方を培っていくにつれて，セラピストは徐々に役割を小さくすることができます。

問題解決

　ASD児に問題を効果的に解決する方法を教えるのは，多くの認知行動療法において重要な点となります。問題解決の手法の指導は社会生活での問題に効果的に適用できることが多く，ソーシャルスキルを伸ばすのにも役に立ちます。問題解決のアプローチが有益となりそうな状況には，例えばクラスメイトによる度重なるからかいにどう対処するか決めるとき，クラスの新しい生徒に話しかけるとき，混み合ったカフェテリアで昼食時に座る場所を見つけるときなどがあります。問題解決の指導には数多くのアプローチがありますが，ほとんどは問題解決の当事者が踏むべき一連のステップを含んでいます（Kendall & Suveg, 2006）。

　通常，ASD児に教えられるのは，まず第一に問題を認識し，それをしっかりと具体的に定義して，解決するうえで何を目標とするべきか決めるということです。問題解決は，衝動的に反応する（例：かんしゃくを起こす，または交流を避けることでの解決）のではなく，落ち着いて自分の選択肢を熟考することをASD児に教えるのです。問題に対応する方略の候補が挙げられ検討されます。そして方略が選ばれ実行されます。最後のステップは物事がどのように進んだか，つまり問題が解決したかどうかについての評価です。

　個別セラピーにおいて私が気づいたのは，まず問題解決のステップを教えてから，ASD児が体験している特定の問題にそのアプローチを応用することが最も有益なやり方だということです。セッション中に私はASD児と二人で状況を詳しく話し合い，それぞれのステップを練習し（例：モデリングやロールプレイなどで），その結果，状況がどうなったかも話し合います。その後，ASD児はたいてい，セラピー外の実際の状況でその問題解決スキルを使うように指示されます。そして結果はどうだったか，目標は達成したか，次回もっとうまくやるには何を変える必要があるかなどを，通常，次のセッションの始めに話し合います。学校でからかわれることに対応するための問題解決のワークシートの使用例を図6.5に挙げます（未記入のワークシートは附録のフォーム10として添付）。

1. **問題**は何ですか？
学校で休み時間にいじめられます。特にアレンとマイクの2人は僕の悪口を言ってときどき僕のことを突き飛ばしたりします。僕はたいてい泣かされて校舎に駆け込みます。

2. あなたの**目標**は何ですか？
他の子たちにいじめられないようになりたいです。
みんなの前で泣かないようになりたいです。

3. あなたはどう**反応**しますか？（肉体的感覚，気持ち）
体が熱くなって，泣いてしまいます。
お腹が痛くなってきて吐きそうな気分になります。
心配な気持ち，恥ずかしい気持ち

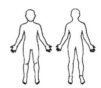

4. どんな**考え**を持っていますか？

「なにかされて，みんなが僕のことを笑うに決まってる」

「どこかに行きたい，お家に帰りたい」

「こんなの最低だ，ずっといじめられ続けるんだ！」

5. この問題を解決するためにもっと**役に立つ考え**： 悪口を言われたりからかわれたりしなかったらいいのにと思うけど，いじめっ子たちがからかうのは僕だけじゃない。他の子たちがいじめられてるのも見たことがある。遊び場にいる他の子たちは何が起こってるのか気づいてもいない。

6. **戦略**を立てましょう： 遊び場の別の場所に行って，大人の監督者の近くにいるように気をつける。

7. **評価**：結果はどうでしたか？自分の努力を褒めましょう!!　意地悪をしはじめたので，アレンとマイクから離れたところに行きました。涙が出そうで気持ち悪くなりそうだと思ったので，他の子たちのグループのところに行きました。ましな気持ちになりました。やった！

図 6.5　問題解決ワークシートの例（学校でのいじめに適用）

自己効力感の向上

　ソーシャルスキルに関する介入には，社会的学習理論がよく適用されます (Bandura, 1994)。この理論はソーシャルスキルの育成について，その子どもが自分の対人能力についてどう考えているか，他人との接し方に影響すると主張しています。例えば，自分は人気者でソーシャルスキルがあると思っている場合，ソーシャルスキルがなく仲間からも嫌われていると思っている場合よりも，その子どもは新しい仲間に話しかけたり教室内で発言したりする可能性が高くなります。モデリング，励まし，ストレス管理，強化などが，社会的学習アプローチの柱です (Bandura, 1994)。セラピスト自身の自己開示も，ASD児にとっては社会的学習経験となり得ます。同僚とのいざこざをどのように解決したか語ることで，セラピストはフラストレーションを感じることを普通のことだと理解させ，適切な問題解決の模範を示すことができます。

　ASD児にソーシャルスキルを教える際，セラピストは常にASD児が通常どの程度の成功を体験しているか考慮するべきです。日常の社会生活において，成功する機会を得ているASDの子どもは，比較的少ないからです。セラピーでは，ASD児が少しずつ自己効力感を培うサポートをするために，スキルを段階的に教えるのがよい方法です。ASD児がすでにかなり上手にできる簡単なスキルから始めても良いくらいです。介入の初期には，例えばセラピストの同僚に自己紹介させるなど，少なくともいくらかの成功を保証できる状況を作ることも有益と思われます。ソーシャルスキルがかなり乏しいASD児であっても，スポットライトを当てられるよい社会的行動がたいていあるはずです。セラピーのセッションに来て知らない人と話すこと自体が，かなり難しいということもあり得ます。このような努力の成果，そしてその成果がどのくらい素晴らしいかについてコメントするのは，ASD児の自己効力感を高めるうえで大いに役立ちます。

演劇を基にした手法

　演劇を利用したトレーニング方法は，ASD 以外の障害を持つ子どもたちの社会的能力を向上させるうえで，ある一定の成果を収めてきています（Glass, Guli, & Semrud-Clikeman, 2000）。このような方略が ASD の場合にどの程度効果的かはまだ厳密には検証されていませんが，事例をみているとこれらのアプローチには効果があるようです。具体的な活動の多くはこのカテゴリーに入ります。セラピストは，これらの手法をより総合的な支援法に簡単にまとめることができます。このような手法は非言語的なコミュニケーションを認識させ，感情表現を向上させることに役立つほか，セラピーでの行き詰まりを打破したり，より熱心な取り組みを促したりするために利用することもできます。

　ミラーリングは，演劇を基にした手法の一例です。ボディランゲージを認識し非言語的なコミュニケーションの要素に注意する練習として，ASD 児はセラピスト（または別の ASD 児）とお互いの顔の表情や体の動きを黙って真似する練習をします。また，社会的に関連性のあるストーリーを併用して，ASD 児に演じる「役」を与えることもできるでしょう。ASD 児がストーリーの中の特定の役を演じるわけです。AV 機器をセラピーで使用できる場合は，劇やロールプレイを録画して後日のセッションで観ると ASD 児は楽しんで学習効果を高めることができます。非言語的行動がどのように社会的コミュニケーションに影響するかについて，ASD 児の理解を深めるために私が好んで使うもう一つの方法は，年齢に合った映画やビデオのシーンを選んで音声なしで観ることです。登場人物が身体や顔をどのようにするかだけに注意するように ASD 児に指示し，そのシーンで何が起こっているか音声を消したままで当てることができるかを試します。人の手，目，顔，身体の動きによってどれほどの情報が伝えられるかに，ASD 児はたいてい驚きます。その後，見たばかりのさまざまな非言語的コミュニケーションについて話し合うと非常に効果がありますし，この方略は家庭での練習用エクササイズとしても簡単に利用することができます。

活動を基にした手法

　構造化された活動やゲームは，セラピーにおける社会的な関わりを促進することができます。図画，工作，またはその子どもが好きな特定のボードゲームなどASD児が自然に興味を持つものを利用することで，セラピストはある意味でASD児の世界に入ることができるからです。さらに，ASD児が好きな活動を行うことは本人にとってたいてい楽しいので，彼らがその他の共同活動に参加し，セラピー中もさらにリラックスしてくれる可能性が高まります。

　高機能ASD児のソーシャルスキル向上のために今まで研究されてきた，活動を基にした手法の1つに，レゴセラピーがあります（LeGoff, 2004）。レゴセラピーでは，ASD児と他の人（例えば，仲間，セラピスト）がレゴブロックを使った作品を一緒に作ります。技師や大工などの役割分担が明確にあり，完成品をうまく作るにはペアまたはグループがお互いにコミュニケーションをとり，協力して一緒に問題解決を行わなくてはなりません。の予備的研究によると，ソーシャルスキルに関する介入法としてのレゴセラピーは，ASDに特有な対人的な困難（例：視線を合わせるのを避ける，身体的な接触を拒否するなど）を改善し，不適応行動を減少させるという点で期待できます（LeGoff, 2004；Owens, Granader, Humphrey, & Baron-Cohen, 2008）。

　つまり，ASD児が好む活動（例：トレーディングカード，建築や建物に対する興味）はセラピーで工夫して使えるということなのです。おそらく最もわかりやすい方法のは，セラピーのセッション中の努力に対する報酬として使うことでしょう。例えば，セラピストは各セッションの最後に数分の時間をとって，ASD児に好きなことをさせることもできます。特にセッションで難しいスキルや感情的につらい題材を扱った場合などには，この自由時間はセッションを明るい雰囲気で終わらせ，ASD児の感情状態を元に戻す助けにもなります。セッションにASD児の好きな遊びやゲームを盛り込むことは，ASD児をもっとセラピーに引き込み，親密な信頼関係を構築し，対象のソーシャルスキルを楽しい交流を通して練習する機会になるなどの多くの利点があります。

ASD児の好きな遊びや興味をセッションに組み込むには，以下のようなやり方があります。

- 難しいエクササイズや活動の後の報酬として，ASD児の好きな遊びをしたり好きな話題を話したりするための短い時間をとる。
- セッションの最初から最後まで集中し続けることが特に難しいASD児の場合，セラピーの時間を分割し，中ほどに好きな遊びや個人的な興味の時間（例：10分）を組み込むことを検討する。どの時点が「半分」か分かりやすいようにこの自由時間を各セッションのスケジュールに含める。
- ASD児の興味に関連した例やASD児が容易に理解できる比喩（例：コンピュータ，カーレース，動物など）を使って指導する。
- ASD児が特定のスキルを学ぼうとして行き詰っている時や練習したがらない時には，本人の関心を踏まえた特別な報酬（セッション外で親が与えることができる報酬でもかまわない）を設けることを検討する。例えば，家庭で新しいスキルを練習するたび，自分の好きなゲームをする時間を余分にもらえるなど。
- モデリングや社会生活エピソードを使って指導する際，ASD児の特別の興味の対象を可能な限りストーリーに盛り込む。

ソーシャルストーリーズ，コミック会話，台本

適切なソーシャルスキルの学習と社会的状況の理解を促進するため，第5章で詳しく述べたソーシャルストーリーズ（Gray, 1998）を個別カウンセリングに組み込むことができます。このアプローチを個別セラピーで使う場合の主な利点の一つは，クライアントの個人的ニーズの変化に合わせてストーリーを簡単に変えることができることです。まず最初に問題となっている社会的状況のいくつかの中でクライアントを観察し，セラピストはストーリーを通して指導するべき具体的なスキルを特定します。また，どの社会性の困難が最も問題であるか理解するために，ASD児の担任や両親と話し合うこともできます。クライアントがとて

も具体的な状況で挙げたクラスメイトの名前を使ったソーシャルストーリーズをセラピストが作ることも考えられます。セラピーの外でも ASD 児のためにソーシャルストーリーズを用いつづけるため，両親もこのアプローチを学ぶことができます(Dodd, Hupp, Jewell, & Krohn, 2008)。多くの場合，ソーシャルストーリーズは文章と絵（セラピストが手描きしても可）からできています。特定の状況や弱い分野のいくつかに対応するために複数のストーリーを作成してもかまいません（例：Sansosti & Powell-Smith, 2006)。いくつかのストーリーを作成した場合は，本やフリップチャートやフォルダにまとめるとよいでしょう。3穴リングバインダーは携帯しやすいため，ASD 児はセラピーの外でこれらのストーリーを参照することができます。ソーシャルストーリーズの作成の仕方について詳しく掲載している資料は，本書の最後にある文献に挙げられています。

　「コミック会話」も Gray（1994, 1996）によって考案された手法ですが，これは同時に起こり得るさまざまなレベルのコミュニケーションを視覚的に表現する便利な方法です。簡単に言うと，色を使って感情を表現しながら（例：ピンク＝うれしい，青＝悲しいなど）ASD 児とセラピストが，考えや発言の吹き出しがあるコミックを作成するのです。文字の色によって，言葉の裏にある感情を表現できます（例：「パパについてママがあんなことを言わなければいいのに」［怒りを表現する黒の太字で書かれている］)。話を聞く様子や，小さな声で話す様子など，会話の要素をコミックの会話内でセラピストがどのように描くことができるかについて，Gray（1994）の著書からの例を図6.6 に挙げておきます。

　これに関連した指導アプローチとして，あらかじめ決められた社会的台本を利用するものがあります。演劇で読む台詞と似て，台本は一定の状況下で使用する言葉を提供します。この方略の実施にはかなり多くのやり方があります。台本は，ASD 児が言うべき言葉をそのまま提示する極めて構造化されたものでもよいですし，ASD 児にヒントを与える一連の合図があるだけでもかまいません。台本は録音したものや，印刷した言葉，フレーズ，または文章といった形態があり，キューカード，一連の言葉をバインダー形式にまとめたもの，またもっと上級の学習者には従うべき台本を1ページにまとめたものというような形態で提示する

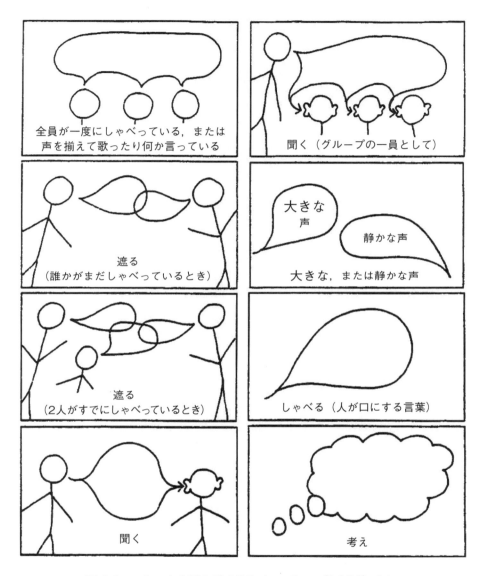

図 6.6　コミック会話のガイドライン。Gray（1994）より。
Future Horizons, Inc. の許可により転載。

ことができます。

　対人的自発性，会話的な話し方と交代で話すこと，適切な発言，会話中の話題からそれないことなどのスキルを ASD 児に教えるうえで，台本は比較的お金をかけずに簡単に素早くスキルを教える手段になり得ます。学んで練習した後，台本は徐々に消えていくことになります。つまり，台本の台詞が時と共に削除されたり消されたりして，ASD 児が合図に依存しなくなるようにするわけです。理論的に言うと，台本が効果的な指導方法である理由は，行動連鎖があることです。つまり，一つの反応（例：台本の最初の言葉）が次の反応（次の言葉）を促し，最終的に最後または強化子（例：会話の相手からの返答）まで導くのです（McClannahan & Krantz, 2005）。この指導の最終的な目的は子どもが台本にはない自発的な言葉を発するようになることです。McClannahan と Krantz も述べているように，普通，ASD 児は台本で学んだ後は，物理的な台本がもうすでに存在していなくても，継続的に同じような言葉を発したり，台本をつなぎ合わせ新しい文章を作ったり，台本には書いていないまったく新しい言葉を使ったりもします。

臨床的な配慮

　ASD 児を支援する際，使用する具体的アプローチも含めた支援内容に加えて，もっと一般的な臨床上の配慮がいくつかあります。問題が発生してしまってからはじめて対応するよりも，あり得る問題や落とし穴のいくつかを予想して支援の初めに対応しようとする方が常に望ましいものです。セラピーにおける最初の目標はクライエントをセラピーに順応させ，二人の関係におけるそれぞれの役割に慣れてもらうことです。特にこれが ASD 児にとって初めてのセラピーである場合，セラピストは ASD 児がセラピー上の二人の関係にある程度の抵抗を感じるかもしれないことを予期しておくべきです。ASD 児は何を予期すべきなのか，どのように反応すればいいのか，また，なぜあなたに会っているのかすらも分かっていない可能性があります。一般的には，セラピストが簡単にありのままの説明

を率直に行うアプローチが役に立ちます。以下がその一例です。

「君のママは，君が最近学校で他の子たちといろいろ問題を抱えていることを心配していて，今日，君が私のところに来てお話するといいと思ったんだよ。私はカウンセラーで，君みたいな問題で困っている子の手助けをして，他の子たちと仲良くできる方法を探すのが仕事なんだ。そういう方法が見つかれば，学校がそんなにいらいらする場所じゃなくなるよね」

子どもの反応に応じて，つまり質問があったり，混乱しているように見えたり，もっと詳しく説明してほしいと言ったりしたら，セラピー上の二人の関係がどのようなものか，そしてなぜASD児があなたに会いに来ているのかなどについての詳細を教えましょう。また，セラピーのルールやセラピストとASD児の両者に対する期待などの情報を与えるのは特に効果があります。

ASDの人たちと接しているセラピストがほとんど一様に示す主な心配の2つ目は，支援で得られる効果の般化がうまくいかないことです。私はこの問題のことを「50分セッションでありがちな落胆」と呼んでいます。子どもはセラピーでは新しいスキル（例：他人に礼儀正しく挨拶をする）をすぐに学んだように見え，セッションの終わりに両親にその新しいスキルを実演さえしたとします。しかし，次の週そのASD児がセッションの前にロビーにいるところを観察すると，二人の同年代の子どもの間に座っているにもかかわらずASD児は挨拶しないどころか，仕草などで存在を認めることさえしない場合があります。ASD児は他の人々が存在することにさえ気づいていないかのように，静かに座って本を読んでいるのです。前回のセッションから今日までの間の様子を両親に尋ねると，両親はASD児が他人に挨拶する努力を全くしていないこと，実際ダンスのクラスで新しい仲間が友達になろうとしてきたときにも，全く不適切な態度をとったことを報告します。このような問題に対しては，残念ながら簡単な解決法はありません。一般的には，介入が集中的で，複数の場所で行われており，指導者も複数いる場合に，最も良い成果が出ると考えられています。そのため，週に1回クリ

ニックで行われるセラピーは，複数のスキル分野において，さまざまな状況（家庭，学校など）でのスキルの向上や長続きする変化を起こすには不十分かもしれません。以下は重要なポイントであり，強調しておくべきでしょう——個別セラピーは非常に有益ですが，子どもが示している問題のすべてに対応し，補助的な介入やその他の種類のセラピーなしで長続きするような，肯定的で意義ある変化を複数の状況下で引き起こすのには，恐らく不十分だろうと一般的には考えられています。

　臨床的に有意な効果を得て，それを長く保持できる可能性を高めるために，個別のセラピストができることがいくつかあります。セッションとセッションの間に行う練習（宿題）を，ASD 児に与えることは重要です。個別セッションで教わっていることを，ASD 児は実生活で練習しなければならないのです。この練習は補助的なグループトレーニングや学校でのサポート，または ASD 児の養育者が促進・強化して行う定期的な練習を通じて行われるのが理想的です。

　また，セラピストは意図的に般化のセッションを支援プログラムに組み込むべきです。例えば，セラピストのオフィスまたはクリニックでスキルの講義を行った後のセッションは，ASD 児のコミュニティや学校で行うなどです。食事中のエチケットに関するスキルを教えた後，レストランでセラピストが ASD 児と食事するのもよいかもしれません。もちろんそのような外でのセラピーは，両親の同意を得，事前に ASD 児にしっかり説明したうえで行わなくてはなりません。一部のトレーニングをさまざまな別の場所で行うやり方もあります。例えば，クリニックではなくセラピストのオフィス，その子どもの学校（放課後，他の生徒がいないとき），家庭（特に家庭での社会的問題が支援の目標だとされた場合）などでセッションを行うこともできます。

　他の人を支援に関与させるのは，特に個人開業しているセラピストの場合には難しいことですが，行うことができれば非常に有益となります。不安軽減のために暴露療法のように，指導セッションの後すぐに他の人々を相手に練習するのもよいでしょう。自己紹介の際に非言語コミュニケーションのスキル（例：笑顔，ジェスチャー）を言葉（「こんにちは」）に併せるやり方を ASD 児に教えた後，セラ

ピストと ASD 児がセラピストの同僚のオフィスを回って新しいスキルの練習をすることもできます。新しいスキルが知らない人や他の子どもとの交流を含むものである場合は，ロビーで一定の時間を過ごし，受付係やオフィスに入ってくる子どもを相手に練習することもできます。また，セラピストが親に頼んで，練習のために ASD 児の友達や同年代の親戚などをセッションに 1～2 回呼んでもらうこともできます。このやり方の明らかな利点は，セラピストが対象となるスキルの使い方に対するフィードバックをその場で即時に ASD 児に与えられることです。これは ASD 児がスキルをセッションとセッションの間だけに練習する場合には不可能なことです。このようにセッション中であれそれ以外であれ，たくさんの練習の機会を作って学習の強化と教えたスキルの般化を行うことが有益なのです。

　個別セラピーは ASD 児が受けているその他の形のトレーニングや治療と統合するべきです。つまり，最低でも，精神科医，小児科医，ケース・マネージャー，学校カウンセラー，担任教師，その他の介入者（例：作業療法士または言語療法士）といった，ASD 児の生活における他の関係者とコミュニケーションをとるということです。より広い意味では，セラピーを ASD 児の教育プログラムと統合するべきです。親の同意と ASD 児の同意があれば，セラピストは学校関係者と協力して，セラピーで教えているスキルが学校で後押しされ，不適切なスキルの使い方や問題のある言動についての情報やフィードバックがすべて自分に送られてくるようにするべきです。このようなコミュニケーションはスキルの上手な使い方を促進し，もっと創造的な介入方略（例：教室での環境状況を変える）につながることもあります。

　まとめとして，多くの場合，家族は ASD 児がソーシャルスキルを伸ばす手助けをするためにセラピストのサービスを求めてきます。私自身の経験では，ソーシャルスキルの向上を臨床現場で目標とするのは非常に困難であることが多いのです。これはすでに述べた理由（例：般化しにくい，同年代の子どもを相手にスキルを練習しにくいなど）のせいもありますが，個別セラピーでは通常 1 つのことに専念できないからでもあります。言い換えると，ASD 児がセラピストに紹

介されてきた主な理由がソーシャルスキルを高めることであっても，他の問題も常に深く関係してくるため，そちらにも注意を向ける必要が出てくるのです。例えば，家族関係がぎくしゃくしていたり，ASD児が学業で大きな困難を抱えていたりする可能性もあります。どちらの状況も，支援中のASD児の気を散らし，スキルの練習の相手をすべき両親の妨げとなります。ASD児の生活におけるその他の顕著な問題に注意を向けつつ，目標（ASD児のソーシャルスキルを伸ばす）に集中し続けることは難しい場合があります。ASD児と関わるセラピストが持つべき特に大切な二つのスキルは柔軟性と共感能力でしょう。クライアント独特のニーズと学習形態に最も合ったアプローチや方略を導入するため，セラピストは支援計画を立てる際は十分な柔軟性を持つ必要があります。2つ目に，ASD児は日常生活で数え切れないほどの困難に直面します。込み入った社会的状況をくぐり抜け，衝突に対応し，他の人間の感情を解釈し，自分自身の感情と反応を理解しなくてはならないのです。個人的で時には恥ずかしい質問も聞けるくらい安心できて，自分の悩みや恐れを打ち明けられるような信頼できる人がいるということは極めて重要なのです。必要なときにそこにいて，信頼できる言動を示し，理解と共感を見せることでセラピストはこのような人物となれるのです。

事　例

　ASD児の「マーコ」は，抑うつと自殺念慮のために両親によって支援を受けに連れてこられました。マーコは自分を傷つけると口にしたことが過去にあり（まだ実行したことはありませんでしたが），学校で友達や教師に暴力を振ってやると脅したこともありました。

　両親も交えたインテークでは，マーコは自分に「おかしい」ところはない，自分がASDだとは思わないと頑なに否定しました。学校での履歴と両親の報告によると，マーコは知的能力が高く，また早熟のピアニストだということでした。幼い頃ほど両親との関係は強固ではありませんでしたが，マーコが主に困難を経験していたのは学校でした。裕福な地域にある公立学校に通っており，勉強・ス

ポーツ共に高成績を収めなくてはならないという大きなプレッシャーを感じていました。しかしマーコは発達性協調運動障害の問題に悩まされていました。年の割りには背が高かったのですが身体運動はぎこちなく，体育やチームスポーツは得意ではありませんでした。両親の報告によると，マーコは学校で友達が一人もいませんでした。教師たちはマーコのことを「威圧的で命令的」であると説明し，彼の友達たちへの接し方のせいで，遊びから仲間はずれにされていることが多いと述べました。

セラピーに連れて来られるきっかけとなった出来事は学校で起こりました。英語のクラスで二人のクラスメイトに「お前らを殺してやる！」と叫び，二人の教科書や学校の備品を床に投げつけ，壁を拳で殴ったあと教室から飛び出したのでした。報告によると，二人の男の子たちは親友同士で，事件が起こる前はマーコの近くで静かにしゃべっていただけでした。マーコは母親に，この二人は自分のことを話していて意地悪なことを言っていたと伝えました。マーコの教師は，男の子たちがしゃべっていることは聞こえませんでしたが，マーコのことをしゃべっていたとは思えないと語りました。

マーコとの個別セラピーは最初のうちなかなか進みませんでした。セラピストに慣れるまで時間がかかり，学校のクラスメイトとの問題など感情的になる話題が出るたびに日常の出来事（例：新しく買ってもらった犬，週末の予定など）に話を戻すことが多い状況でした。3回目のセッションになるとマーコもだいぶ自分の感情やクラスメイトとの関係について自ら話すようになってきました。マーコはクラスメイトが自分を好きではないらしいと認識していましたが，なぜなのか分かっておらず，クラスメイトは「単に意地悪」か「バカ」なのだと述べました。しかし，セラピストの自己開示や，社会生活エピソードと問題解決の利用などを行ったあと，私たちは他の可能性を挙げました。マーコのクラスメイトとの接し方——例えばプロジェクトを自分のやり方で進めるように主張したり，他の生徒たちに何をすべきか命令したりなど——や，教室での感情的な反応も，そこに含まれます。最後にはマーコも，このような言動は，自分に対するクラスメイトの反応に影響するかもしれないと認めました。

自分の言動が，孤立感や学校で友達がいないことの原因となっているかもしれないと理解すると，マーコは振る舞い方を変える意欲を見せました。その後のセラピーでは関連した2つの目標，感情制御および認知再構成に取り組みました。マーコは自分の強烈な感情を表現するもっと適切な方法を持とうと努めました。具体的には，絵を描いたり教室を出てカウンセラーに相談しに行く許可を得たりするという方法です（ただし，カウンセラーに話しに行くのは多くても一日に1回とすることにマーコは同意しました。これは学校の校長も保健の先生も同意した解決法でした）。学校で実行する前に，マーコはロールプレイしたり両親を相手にしたりして，これらの方法を練習しました。また，落ち込んだり腹が立つ感情のもとになっている，自分の思考の主な「誤り」が，早とちりの傾向であるということにも最終的には気がつきました。例えば，英語のクラスでの二人の男の子との事件では，二人がひそひそとしゃべっていたことから，マーコは自動的に自分のことを悪く言っているのだと決めつけてしまいました。マーコはこの事件に関連する自動思考，言い換えれば認知の誤りを理解し，考え直す取り組みをいくつかのセッションに渡って行いました。

　支援が終わる頃，マーコは学校で友達と以前よりうまく交流しており，友達の家での夕食に招待されるまでになっていました。これは過去には一度もなかったことでした。マーコはときに自分の強い否定的な感情をコントロールするのに苦労することがありましたが，両親がマーコに，コーピングツールを使ったり（問題解決），反応する前に時間を置いたりする（頭を冷やす）ことを思い出させて助けています。マーコが自傷をちらつかせることはなくなり，本人も憂鬱な気分を感じることがなくなったと報告しています。

● 第7章 ●

家庭でのSSTの促進

　親や養育者は，子どもの生活に変化をもたらす，最も重要な存在です。ASD児がどれだけ多くのセラピーを受けたとしても，親との関係は，ASD児が成長する間中，「絶えず続く」のです。ASD児と最も多くの時間を過ごすのはほとんどの場合親で，教師がそれに続きます。ASD児の発達的なニーズに応えるという共通の目標は，かなりの相互依存と共同作業を必要とするため，親と教師の協力は非常に重要です。セラピストやカウンセラーはよく，ASD児がより洗練されたソーシャルスキルを身につけられるよう，この共同作業のプロセスを促進し，親を支援することを求められます。この章では，ASD児が年齢に合ったソーシャルスキルを身につけ，直面する障害を克服するのを手助けする両親をサポートするために，セラピストや教育者が使用できる情報や方略を提示します。

親が実施する方略

ペアレントトレーニング

　「息子にもっと友達を持たせてあげるには何をすればいいでしょうか？」これはおそらくセラピストが，ASD児の親から最もよく聞く質問でしょう。親は多くの場合，ASD児のソーシャルスキルを伸ばす方法を教わりたがります。これまでの章で取り上げられたほとんどの方略は家庭向けに簡単に応用可能で，両親に実行してもらうことができます。ソーシャルスキルをセラピストがASD児に直接教えるときには，介入に両親を参加させることが一般的に有益です。場合に

よっては，両親が，トレーニングの主なもしくは唯一の対象になるかもしれません。言い換えると，専門家が両親に直接働きかけ，両親がASD児にトレーニング方略を実行するのです——これは事実上，トレーナーをトレーニングするということです。金銭的な制約やほかの制限（例えば，家族のメンバーがたった数回のセッションしか出席できない場合）によって，子どもを対象とした介入が実施しにくいときも，子どもより親に直接介入を行うのが賢明かもしれません。

　ペアレントトレーニング——親がさまざまなアプローチや方法についてセラピストから指導を受けること——は，家庭のような自然な環境でなされる際に最も効果的であることが示されています。(Rocha, Schreibman, & Stahmer, 2007)。しかし，これが常に実行可能なわけではありません。セラピストが訪問するのには遠すぎるところに家があるかもしれませんし，時間が制限要因になるかもしれません。また，両親またはセラピストがこの選択肢に抵抗を感じるかもしれません。しかし，たとえトレーニングが家庭で行えないとしても，セラピストは家庭環境についての詳細な情報を把握し，家族に最適な介入法を考案することができます。例えば，放課後に遊ぶ近くの仲間を見つけることが治療目的の一つなら，母親が夕方遅くまで留守であるときは，学校から帰宅後，祖父の家に行くことを知っておくことは重要です。また，家族が住んでいる地区をみて，家のある通りはにぎやかなのかどうか，同年代の子どもが周りにいるのかを知っておくことは貴重な情報になり得ます。実際，トレーニングプログラムの成功の重要な指標の一つは，親がさまざまな環境に方略を適応できるか，選んだ手法がASD児と家族，両者に適合しているのを証明できるかなのです。

　ペアレントトレーニングまたは親向けの介入には，以下のような多くの利点が挙げられます。

- 両親によって実行される介入は，費用効率が高い傾向がある。
- 両親にによって主導される介入はより長時間，ASD児に実施される可能性があり，他の種類の介入よりはるかに継続的になり得る。
- 介入が，自然な環境で実施されやすい。

- 目標とされる状況（例えば家庭，学校）へのスキルの般化が実現されやすい。

家族の日課に自然な指導方法を組みこむ

　家庭では，視覚的な指導ツールやリマインダーをASD児のトレーニングに組み込み，練習をすることが有効です。両親は合図（視覚的また聴覚的），単語カード，または切り抜き（例えば，矢印，さまざまな表情を示したマンガ）を使用して，ASD児に話題から脱線せずに，代わる代わる話すこと，適切な非言語コミュニケーションやその他の会話のスキルを使うことを促すことができます（Ozonoff, Dawson, McPartland, 2002）。もちろん，そのような刺激を絶えず使うべきではありません。さもなければ，ASD児は飽きたり，頼りすぎたり，使用に抵抗を示すようになるかもしれません。これらのツールを使用する「トレーニングだけの時間」をスケジュールに組み込んだ方が効果的でしょう。例えば，毎日夕食後30分間で新しいスキルについて話し，練習すれば，すぐに家族のスケジュールの一部になることでしょう。

　自然なSSTの機会として利用できる他の活動として，家族のゲームや食事が挙げられます。ハングマン［相手が選んだ単語を1文字ずつ当てるゲーム］，ジェスチャーゲーム，アイスパイ［1人が自分の目に映った物を1つ選んで頭文字を言い，他の人がその単語を当てるゲーム］または多人数参加型のボードゲームのような多くのゲームは，より社交的な性質になるよう改変できます。例えば，アイスパイゲームは公園で行い，ルールは他の人の行動を観察することと関係するようにします（例えば，「だれかが笑っているのを見つけた」，「女の人が黒い犬といるのを見つけた」）。ボードゲームでは，それぞれの人がプレイする前にその日学んだことまたは次の日に楽しみにしていることを言うのです。また，ハングマンでは，単語を選んだ人が，それぞれの人の推測を聞いた後にほめることを練習するのです（例えば，「'g'は入ってないよ。でもよく考えたね」）。

　家族の食事で練習すべき必須のソーシャルスキルはテーブルマナーなどですが，話題から脱線しないような会話スキルに注意を向けることを重点化することもできます。子どもはよく役割の逆転を楽しみます。例えば，父親が意図的にミ

スをし（話題から脱線したことを言う），母親よりも先にASD児が誤りを見つけられるかどうかをみることができます。これらの活動を録画しておくと後で観ることができ，特定のスキルが傍からはどのように見え，時間と共にどれだけ上手に実践できるようになるかをASD児本人に提示できます。このような方略を実践する家族と接しているセラピストは，実際のトレーニングセッション（例えば食事の時間や家族でのゲームの時間）でのホームビデオをいくつか治療セッションに持ってくるよう頼むとよいでしょう。セラピストは，親がトレーニングの方法や社会的相互作用を改善・洗練させる方法を提案すると共に，ASD児が目標とするスキルの使用に関するフィードバックを与えることができます。例えば，セラピストは，母親がASD児に反応の仕方を率先して教える傾向があり，それがASD児の母親への依存につながること——どう反応し，何をすべかについて，母親からの合図を待つこと——に触れてもよいでしょう。

援助的な仲間を探し，適切な友情を奨励する
　親は，ソーシャルスキルに長け，寛大で，一緒に新しいソーシャルスキルを練習できる同じ年齢の仲間を見つける手助けをすることができます。この目的を達成することは容易ではありませんが，社会的なかかわりにおいてASD児を「ガイドする」仲間が一人いると，他の仲間との相互作用がはるかに円滑になります。その仲間が同じ学校の生徒かどうかは重要ではありません。それどころか，親によっては，ASD児と違う学校の生徒の方が好ましいと考える両親もいます。その子が他の生徒と交流するとASD児が怒るかもしれませんし，友達を選べとASD児がプレッシャーをかけるかもしれないからです。また，ASD児が何か攻撃的な行動や社会的に好ましくない行動を取り，他の子どもたちに二人が仲良しであることを知られた場合，その仲間は社会的に難しい立場に置かれてしまうかもしれません。地域やサービスにもよりますが，ASD児に合う友人を探す上で親が考えるべきリソースのいくつかは，スポーツリーグ，学校外のクラス（例えば武術），グループでの音楽レッスン，地域のレクリエーションセンター，スイミングクラブ，デイキャンプなどです。外で働く親にとってのもう一つの選択肢

は，目的にかなう同じ年の子どもを持つ同僚を見つけることです。ピクニックなどの社交行事を催したり，他の家族を家に招待することは，ASD児の友達作りを促進し，親がソーシャルサポートを得ることになるでしょう。

　親がASD児の仲間関係を育むことが重要です。ASD児の意見を聞き，相手の子どもと親にどの程度ASDの診断に関して知らせるべきか，決定しなければなりません。ときには，障害に関する情報を伝える必要があります——例えば，とくに，相手の子どものちょっとした言動にASD児が過剰反応したり，明らかな理由がないのに怒ったりしそうな場合はなおさらです。相手との関係が，100％親によって作り上げられたり，相手の子どもや親の同情に起因していたり，相手が強制的に友達関係を迫られたりしていないことが重要です。また親は，相手の子どもに過度な負担をかけないよう，自分の子どものためにその子の時間や関心を獲得している訳ではないように注意しなければなりません。

　社会的な関係を見つけたり，サポートするのは，通常，子どもが若い方が容易です。多くのASD児は大きくなるほど，仲間関係の決定に両親が関わることに抵抗しますし，それは相手の子どもも同様です。若い10代の子どもの親は，時折子どもに，社交上の招待をすることを思い出させたり（例えば，「今週末は家族の予定がないので，もしあなたの友を家に招きたいなら，私たちは構わないよ」と言う），活動を提案したり，必要であれば交通手段を提供したりするとよいかもしれません。

社会的な活動と遊びの約束を意図的に計画する

　定型発達の友達を持つことは前青年期のASD児の社会的発達を促進することが実証されています（Bauminger et al., 2008）。そのため，ASD児がそのような友情を形成する適切な仲間集団を見つけることが，多くの親の目標です。ASD児が社会的かかわりを行えるように子どものグループを組織化することは（Vismara, Gengoux, Boettcher, Koegel, & Koegel, 2006），大変有益である可能性があります。ASD児が本当に興味を持っているような特定の関心事やテーマを中心に形成されたグループがあれば，この目的を最も達成しやすいでしょう。例

えば，科学が得意で好きな女の子のために，親は科学クラブを探してなければ，学校の科学の教師に働きかけて創設を考えるとよいでしょう。ASD児がロボットを作ることに特別な興味があり，家族が大学の近くに住んでいる場合，工学部またはコンピュータ科学部に参加できるクラブがあるか問い合わせるとよいでしょう。

　もちろん，わが子独特の興味にぴったり合う——あるいはそれに近い——クラブを見つけることがいつも可能であるとは限りません。ときには，ボーイスカウトや4-Hクラブ［農業青年クラブ］（コラム参照）のような一般的な社交クラブが，ASD児のソーシャルスキルの練習の場として適切かつ有効かもしれません。そのようなグループのほとんどは，ASD児のために作られたものではなく，ソーシャルスキルを「教える」ことを目的としていないのが潜在的な欠点です。そのため，子どもが楽しみ，成功体験をするために，振る舞い方や言動などに関する明確な指示がグループミーティングの前に必要でしょう。この必要条件は，親がお膳立てした遊びの計画にも当てはまります。通常，ASD児が1対1の社交を上手にこなすためには，親の多くの関与が必要となります。以下に，これらの活動を楽しく生産的な社会的接触にするための具体的な提案をいくつか挙げてみます。

- 小さなことからスタートする——初めての交流は比較的短時間のイベントにする（例えば，長くても20-30分）。子どもたちがお互いに慣れ順調なら，徐々に社交の時間を長くする。時間的な長さよりも，毎回の接触が気分良く終わることの方が重要である。
- 少なくとも初めのうちは，子どもたちの活動に密接に関与すること。ASD児が指導やサポートを必要としていたり，問題にぶつかったりした時のために親はそばにいるべきである。

コラム　4Hクラブ

　Head（頭）Heart（心）Hands（手）Health（健康）の4つの頭文字を取って，四葉のクローバーをシンボルとする5歳から21歳までの農村における生活改善，農業技術の改良などを目的とする青少年クラブ。

- 徐々に両親の関与を少なくしていく。社会的な活動や遊びの約束の回数を重ねるごとに，親は活動における関与を少なくしていくべきである。例えば，3回目に友達が遊びに来るときは，親は声が聞こえる範囲にはいるが，活動には関与しないようにする。
- とくに初めての社会的接触の際は，必要に応じた構造を提供する。ピザを作るといったような特定のイベントを中心に活動を準備すれば，予想すべきことや，活動にかかりそうな時間を検討するためのいくつかの材料が得られる。

　通常，子どものために社会的な活動を計画するとき，親へのある程度の指導が必要です。もし親が望んでいた通りに物事が進まなかったら，後で問題解決を行い，上記の提案を見直すと，見過ごされていた課題が明らかになるでしょう（例えば，子どもはそこまで長い活動の準備がまだできていないのに，親が丸一日かかる外出の計画を立ててしまった）。

友情とは何かを説明する

　多くのASD児は，本当の友達が誰かを識別することが困難で，本物の友情の相互的な性質を理解していません（Bauminger et al., 2008）。例えば，あるASDの女の子は，学校で最も人気のある女の子やスポーツの得意な女の子を，たとえ一度も家に招かれたことがないとしても「親友」だと認識する傾向があるかもしれません。友達だと思っている相手に彼女がいじめられたとき，同じくらい親も感情的な動揺を示す可能性があります。いじめは子どもを混乱させ，抑うつや攻撃性のような多くのほかの問題を引き起こす可能性があります。

　親は，ASD児が，友達，知り合いと，自分をいじめる子を区別できるようにする手助けをすることが可能です。親は，友情について，教育的に淡々と対話を始めるとよいでしょう。例えば，子どもの年齢にふさわしいテレビ番組を一緒に見た後，友情について話し合うのもよいでしょう。番組の中で子どもたちが相手に対してしていたことや，一緒にしていたことのうち，「友達」の言動か「友達ではない」言動かを，親が解説します。ASD児がこのテーマについて話すこと

が嫌ではないなら，両親とASD児は「友達チャート」（表7.1の例を参照）を一緒に発展させることが可能です。チャートは一人ひとりの子ども特有のニーズに合うように作成・改変する必要があります。これによって，ASD児がどの行動に注意すべきかを学び，これまで友達として見ていた相手を見直すことができます。親は，まず始めに，ASD児が自然に呼べるそれぞれのタイプの名前を見つけるよう努めてください（これらは通常，両親が使うのと違う名称になります）。それぞれのタイプの仲間に名称を付けるときはASD児自身の言葉を使用しましょう（例えば，「相棒」「学校で一緒に過ごしているだけの人」「避けるべき人」）。ASD児の心の中ではっきり区別するのに役立つ，3種類の全く違う仲間は以下のとおりです。

- 友達（Friend）＝相棒，親友，重要な友達
- 仲間／学友（Peer/fellow student）＝友達になる可能性のある人，クラスメイト，あまり重要でない友達；学校で一緒に過ごしているだけの子ども
- 友達でない人（Non-friend）＝いじめっ子；自分のことをからかったり，いじめたりする人；学校でも話すことのない人

親とASD児は，それぞれのタイプの人が示しそうな行動について話し合うことができます。例えば，「友達」は，週末や放課後に一緒に何かをしようと誘うかもしれませんが，「仲間」は，昼食時やクラスの中で話すだけの相手です。最終的にそれぞれのタイプの人への反応としてすべきこと，すべきでないことに関する議論することが可能になります。「すべきこと」は「すべきでないこと」と同じくらい重要だということ――もしかすると「すべきでないこと」よりはるかに重要かもしれないということ――を覚えておいてください。「すべきこと」がわかっていれば，子どもは何らかの状況に直面した時に何をすべきかがわかるのです。この基本的な「友達チャート」は，その子どもに最大限に役立つよう，必要に応じた改変が可能です。仲間を種類別に色分けしたがる子どももいるし（例えば，友達は黄色で，友達でない人は赤），作ったチャートに従ってクラスの生

表 7.1 「友達チャート」の例

分類	彼らがする可能性のあること	自分がする可能性のあること	自分がすべきではないこと
友達（Friends）	家に招待してくれる，放課後何をしているか尋ねてくる，昼食の時間にそばに座る	週末どうだったかを尋ねる，家に招待する	彼らに他の友達がいても独占欲をむき出しにしたり，怒ったりしてはいけない，相手の時間を独り占めしない
仲間（Peers）	授業ではそばに座るが，食堂ではそうではない，学校で話しかけてくる	話しかける，グループのプロジェクトで，チームに参加するよう声をかける	彼らが自分のそばに座らなくても怒ってはいけない
いじめっ子／友達でない人（Bullies/nonfriends）	ばかにする，うわさを広める，笑う，悪口を言う；ける，たたく，にらむ；自分を仲間外れにするよう他の子どもに命令する	立ち去り，無視する；ひとりきりにならないようにし，グループの中にいる；もし傷つけられたら，頼ることのできる大人に言う	自分が動揺したり泣いているところを彼らに見せない；たたき返さない

徒を分類したがる子どももいるかもしれません。

　真の友情は，感情の理解と表示，心の理論のスキル，個人差の尊重，少なからぬ共感性のように，比較的高いレベルのソーシャルスキルを必要とします。そのようなスキルは，教えることが難しく，一般的に，ASDの人が学ぶことがかなり難しいものです。場合によっては──とくにASDのティーンエイジャーにとっては──一人か二人の仲のよい友達を持つことの方が，多くの友達を持つことよりも重要です。実際，学齢期のASDの子どもは一般的に，ASDでない仲間よりも学校で友達が少ないことが分かっています（Wainscot, Naylor, Sutcliffe, Tantam, & Williams, 2008）。親がこの研究結果を知っておくことは重要です。なぜなら，典型的なASD児にとって，努力して多くの（おそらくあまり親しくない）友達を作ろうとするより，今存在する友情を維持するためのスキルを練習する方が，価値のあることなのです。

ASD児がいじめに対応できるよう援助する

学校でいじめにあっている子どもの報告にどう対応すればいいのか，カウンセラーや学校の専門家に聞きに来る親がよくいる。一般的に，間に入り，ASD児を保護することを私は提案しますが，いじめが悪化する方法を取らないように伝えています。これは難しい課題かもしれません。図らずも問題を悪化させる可能性を秘めたやり方は，ASD児のクラス，仲間の前で教師に話すことや，ASD児に「反撃しなさい」と指示することなどです。役に立ついくつかの方略を以下に示します。

- 休み時間や昼食などの，いじめが最も起こりそうな構造化されていない時間に，ASD児と一緒にいてくれる親しい仲間を見つけるよう，教職員の助けを得る。
- いじめの一因になっている可能性のあるASD児の特定の行動について話す。ASD児の長所と独特の才能を強調し，彼の行動の一部が普通ではないからといって，彼が悪いのではないということを話す。しかし，ASD児が仲間にもっと溶け込みたいと思っているのであれば，目立ちすぎないように特定の行動を変える必要があるかもしれない。このアドバイスは，ASD児の服装（例えば，学校へジーンズではなくスウェットパンツをはいていくと強く主張すること），身繕い，衛生面など，つまり，好ましくない注意を引きそうなあらゆるものに当てはまる。
- いじめが起こったと報告されたあらゆる場所で，教職員がいじめに対する警戒をしてもらえるよう頼む（例えば，遊び場の中でも人通りが少なく，監督されていないエリア）。ASD児に，具体的にいつどこでいじめが起こったかを尋ね，最も危険な時間帯にこれらの場所をしっかり巡回してもらうようにする。
- 全般的に，可能な限り予防策を実施するよう努める。

社会的な問題解決や，セルフトーク，感情的洞察のモデルを示す

ASD児が経験する社会的困難の多くの根底には，心の理論のスキル（他者の考えや意図，感情を推測し理解すること［例えば，Baron-Cohen, 1995］）の弱さや実行機能（未来の目標を達成するために自分自身の行動をモニターすること［e.g., Ozonoff, 1997］）の弱さがあるかもしれません。それゆえ，親が，彼らの社会的な問題に対する判断を明確かつわかりやすく下す能力は，よい教育ツールとなります。言い換えると，一部の子どもにとっては，とても直接的で明確なモデリングが非常に有効です。

親は，自分自身が経験している社会的困難をASD児と「はっきり」話すべきです。同僚との衝突や，不安であるにもかかわらずPTAの会合で人前で話さなくてはならないことなどの日常的な出来事は，親自身の内的な会話（ふつう秘密にされていること）が彼らの行動や選択を導いていることを実証できます。この手法は，社会的状況を具体的に挙げることで，わかりにくい特定の社会的行動（例えば，列に並んでいるとき他の人とおしゃべりをしたり，スーパーのレジ係とおしゃべりしたりすること）の理由を理解させるのに役立ちます。

モデリングはまた，ASD児の感情的洞察力を養うのにも役立つでしょう。親は，自分自身や他者の感情について解説することができます（例えば，「彼は動揺しているように見える――何か悪いニュースを聞いたんじゃないかしら」）。また，ほとんどの親が子どもに対して激しい感情またはネガティブな感情を用心深く「隠す」傾向がありますが，親が自身の感情に言葉で名前を付けることは一般的によいことです。もし，母親が仕事でいやなことがあったのなら，詳しい話の一部を実際に言葉で表せば，彼女がなぜそんなに苛立っているか，そして彼女がどのようにしてその感情に対処するかを子どもに理解させるのに役立ちます。時々感情を短く言語化すると，自分に起こった悪いことを話してもいいということ，そして，私たちの感情は，私たちが経験していることやそれに対する考え方とつながっていることを示せます。親は自分の感情に，先を見越した問題解決型

のアプローチをとることによって，自分をじっと見ている子どもに対して重要な感情制御スキルのモデルを示すことになります。

　仮に，息子を学校に迎えに行った母親が帰り道，息子にこう言ったとします。「今日は散々だったわ！　上司が私にほかの人の仕事をやるよう命じたの——自分の仕事があるのによ！　私は彼をひどいと思ったわ。うちに帰ったら，落ち着くためにしばらく散歩しようかしら」。その子は母親に，コメントしたり，慰めたり，その問題への対処法について提案したりすることはしないかもしれませんが，母親が感情生活の一部を子どもに話せば，誰にでも「悪い日」はあり，それが問題解決の始まりであることを示すことができるでしょう。

よくある障害物または「親にとっての落とし穴」

兄弟：問題と利点

　定型発達の兄弟は，ASD児にスキル利用と般化を促進する上で素晴らしい役割を果たします。兄弟は，ASD児に自然で素早いフィードバックを与え，たいていは新しいスキルの練習相手にもなります。

　トレーナーとして兄弟や仲間を利用することに関する予備的研究は，期待できる結果を示しています（e.g., Bass & Mulick, 2008；Dodd et al., 2008）。一方で，兄弟が社会的にかなり恵まれている場合，ASD児にも兄弟にも問題が生まれる可能性があります。ASD児は第一印象に基づいて，自分自身の欠点や不成功と，兄弟の幸運や人気を見て，悪い比較を行うかもしれません。嫉妬などのネガティブな感情がわき，兄弟の関係や家族全体に対してさらなる緊張をもたらす可能性があります。

　定型発達の兄弟にとって，予測できない奇妙な振る舞い方を示す兄弟を持つことは，とても厳しい試練になることがあります。ときには，家に友達を招くことも難しく，兄弟が同じ学校に通っている場合はとくに精神的な厳しさを味わう可能性があります。実際，ASD児の兄弟は，障害を持たない子どもやダウン症

の子どもの兄弟よりも，行動的な問題を多く示すことが明らかになっています（Fisman, Wolf, Ellison, & Freeman, 2000）。場合によっては，望まれていないことが明白でも，ASD児は自分の兄弟やその親しい友達に「付きまとう」かもしれません。定型発達の兄弟がASDの兄弟から離れ，親しい友達と過ごしたがると，このジレンマはすぐに問題となります。

では，兄弟の間でこの種の問題が起きたとき，親には何ができるでしょうか？

一つの方略は，一部の友達は兄弟双方の友達だけれど，別の友達は「分かち合えない」友達なのだと，ASD児とその兄弟に説明することです。先に述べたように，多くのASD児は友情が何かをなかなか理解できません。以下のような淡々とした説明が役に立つかもしれません。

「ベンはあなたの弟の友達なの。二人は同じ年で，ときどき二人だけで遊んで楽しんでいるわよね。ベンが家に来るとき，彼とあなたの弟はたいてい二人だけで遊びたいと思っているわ。でも，あなたを仲間外れにしようとしているのではなくて，ただ，彼らには二人だけの時間が必要なの。でも，あなたと弟は二人とも，ティムとルークの友達よ。この二人は近所に住んでいるし，あなたたちは彼らと一緒に遊べるわ」

定型発達（ASDではない）の兄弟のソーシャルスキルを強化し，ほめることは有益です。子どもに，自分は大事な存在だと感じさせることができるからです。親の注意と時間の多くが，ASD児の問題への対応と，適切な治療の手配に向けられていることを考えると，これは重要なポイントです。また，兄弟の向社会的なスキルを識別し，そのような優れたスキルを持っていることがどれほど重要だと思っているかを親が示せば，彼らはASD児のソーシャルスキルの向上を助けようという気になるでしょう。理想的なシナリオは，定型発達の兄弟が，自ら進んでヘルパーの役割を担うこと（ASDの兄弟のためのソーシャルスキルの練習に関して）です。ただし，子どもが「練習相手」の役割に快く，しかも自主的に引き受けたとしても，それを永久に休みなく続けたりする必要はないことを認識

させることが重要です。言い換えると，彼らはときには「ただの」兄弟であり，いつも ASD 児の年少のコーチではないということです。

親はソーシャルスキルを練習するための特別な時間を決めるとよいかもしれません。もし ASD 児が，交代でゲームを行うというような特定のスキルを学習している場合，親は，下記 2 点を目的として，ASD 児と兄弟が家庭でいくつかのゲームをする場面を監督するといいでしょう。(1) 子どもが本来どんなことをする傾向があるか，あるいは何がスキルの上手な使用の邪魔になるか（例えば，兄弟にああしろこうしろと命令すること）を観察すること，(2) 必要に応じて正しいスキルの使用を促すこと。兄弟が，家庭で新しいソーシャルスキルの学習と反復練習を促すことができる具体的な方法は，ASD を持つ兄弟に誘いかけをすること，遊びの最中に会話を促し，適切な遊びの行動をほめること，年齢に合ったイニシエーションと反応を促すことなどです（Bass & Bulick, 2007, for a review 参照）。

過度に指示することを避ける

ASD 児の実用的なコミュニケーションスキルの乏しさが原因となり，親子の相互作用のパターンが子どもの社会的なコミュニケーションのレパートリーの発達を促進させない可能性があります。例えば，ASD 児の親へのかかわりが非常にまれであったり，あるいは普通ではない方法で行われるかもしれません。このような不首尾によって，親が指示する会話の回数が増え，親による手ほどきが多くなり，たいていは説教的または親が指示しすぎているように見えるコミュニケーションが生み出されかねないのです。ASD 児が社会的コミュニケーションを行おうとしたときは，このような試みが適切とはいえなかったり，あるいは明確ではなかったりしても，親はよく耳を傾けた方がよいでしょう。このような試みにきちんと反応すれば，今後，ASD 児の親や他の大人に対するかかわりとコミュニケーションが増えていくかもしれません。子どもを中心とした言葉を使ったり，コミュニケーションの実際（親指導の，相互作用をコントロールするようなスタイルではなく）に細かく注意すると効果的でしょう。

次の例での親子の言葉のやり取りにおける違いを考えてみましょう。

親が指示しているやり取り
- 「遊びに使うならトラックを取ってきて！」
- 「チェスで遊びましょう」

子どもを中心としているやり取り
- 「あなたはカップを持ってきたわね。もう少しジュースがほしい？」
- 「あなたは赤いトラックを持っているわね。私は緑色のトラックにするわ──競争しましょうか？」

　適切な言葉やコミュニケーションを促すための，親が媒介する介入法に関するたくさんの研究がありますが，それらの詳細な解説はこの章の取り扱い範囲を超えています（Aldred, Pollard, Phillips, & Adams, Green, & Adams, 2004 参照）。親にとって，子どもの相互作用の試みを強化する間に，コミュニケーションのパターンを適応させることは，子どものニーズを満たすように社会的な関わりや相互性を促進することになるでしょう。

前もって考えるのに早すぎることはない

　ASD の成人の予後にはかなりの多様性があります。自分で選択した分野で学位を取得し，結婚して家族を持ち，収入のよい職を維持している人もいます。しかし，残念ながらたいていの場合，ASD の成人の予後は，ASD でない仲間と釣り合いが取れている状態とはいえません──高機能の人でさえそうです。よくみられる問題は，家族や両親に依存し続けている状態，職における地位の低さ，親しい友人，人生のパートナーや配偶者の欠如などです（Howlin, Goode, Hutton, & Rutter, 2004；Engstrom, Ekstrom, & Emilsson, 2003）。先行研究と私自身の臨床経験では，多くの若い ASD の成人が社会的に孤立しており，孤独で，うつ状態の可能性があることが示されています。彼らは，独立した生活スタイルを達成しにくいこと，不満足な雇用状況，社会的サポートの全般的欠如など，多くの課題に直面しています。

なぜ，成人の予後にこれだけの多様性があり，好ましくない予後である場合が多いのでしょうか？　複数の作業を同時に行うことや，時間管理，計画性（実行機能の弱さ）の問題が，大学での成功や独立生活を難しくさせるのかもしれません。社会的な相互性や感情的な洞察が苦手なために，友情を維持したり，デートをしたり，最終的に結婚したりする可能性を下げることもあります。親にとって，移行のための事前計画をすること（中学校や高校への移行，学校教育から独立生活への移行）は有益です。以下の提案は，ソーシャルスキルの向上に適用できるものですが，ASD児の生活に関する他の領域にも応用できるでしょう：

- 親は子どもの学校や教育チームに（もし適切であれば），早めに移行の計画について話すべきである。移行の少なくとも1年前には計画を立てるよう努める。
- 仕事の応募書類作成や，自動車の免許を取得のような生活スキルにおいて，コーチとなるような人を探すこと。この人が両親でなく（親離れと独立を促進するため），子どもが尊敬する他の家族やカウンセラー，子どもと関係のある教師である方がスムーズにいく場合もある。
- 10代・若年成人のためのASDサポートグループが地域にあるかどうかを調査すること。もしそれがなければ，親は，ASDに関わるセラピストやカウンセラーに参加と立ち上げ援助の相談をし，自らの創設を考えるべきである。
- 段階的な移行にするため，より大きな大学への移行や完全な独立生活に移行する前に，家から近いコミュニティカレッジを考えるように勧める親もいる。
- 自立生活スキル（例えば，電話に答える，約束を取り付けるなど）を教え，能力が向上したら，より複雑な課題を行わせてさらにスキルアップさせる。

事　例

　「チャーリー」の両親は，食事時のソーシャルスキルの弱さをどうにかしなければならないことに気づいてしまいました。チャーリーはASDと診断されている8歳の男の子です。彼は普通教育の公立小学校に通学しており，両親は週に一度は学校関係者から，チャーリーが昼食の時間に仲間とけんかしたというと報告を受けていました。どのけんかも決まってチャーリーの不適切な行動によって起きているようでした。

　チャーリーは口を開けたまま物を噛み，食べている間もずっと話し続けます。また，仲間や兄弟のフィジカルスペース（物理的空間）に侵入し，自分が食べたいものを見ると，彼らのお皿に手を伸ばしたり，飲みものを横取りしたりすることがよくありました。クラスメイトはたいてい彼の隣に座るのを嫌がっていましたが，チャーリーはこれになかなか気付きませんでした。空いている席が他にあっても仲よく並んで座っている二人のクラスメイトの間に無理やり入ろうとするのでした。これらの問題──パーソナルスペース（個人空間）の境界が希薄なこと，他者の非言語的な手掛かりに気づかないこと，食事のエチケットが身についてないこと──は家庭でも見られました。チャーリーの兄弟たちは，彼と一緒に食事をすることを嫌がり，チャーリーとは別に，居間で食事をさせてほしいとたびたび両親に頼みました。

　チャーリーが食事の時間のソーシャルスキルを向上させられるように，母親と父親は，まず1対1の状況で食事をするときの適切なソーシャルスキルを教えることにしました。学校の後で，チャーリーと母親は約20分間（帰宅後のおやつの時間に），口を閉じて食べることや，交代で会話をすること，お互いの身体的な空間を尊重することに取り組みました。母親は子どもたちがこのようなスキルを示しながら食事をしている映画の場面をいくつか見つけ，チャーリーはそれを楽しみながら見て，見た内容について母親と話し合いました。

　チャーリーと母親がそろそろ大丈夫だと思ったとき，チャーリーはこれらのス

キルを家族の夕食の時間に兄弟と一緒に練習しました。両親は食事の様子をビデオで撮影し，家族はみんなでそのビデオを見て，よかったところと改善できるところについて話し合いました。両親は，チャーリーだけでなく兄弟に対しても，食事のマナーについて改善できるところを指摘するようにしました。家族と何度か食事の練習をした後，父親は放課後のソーシャルスキルグループにいる他の子と遊ばせる機会を設け，二人をピザを食べに連れて行きました。父親は，すべきこととしてはいけないことを事前に教え，これまでに学んだスキルを適切に使ったときには褒めました。時間の経過とともに，チャーリーの両親が子どもの遊びの約束に関わることは減っていき，学校の昼食時のチャーリーの問題行動の報告が来ることも減少していきました。

● 第8章 ●
成人生活へ向けての
ソーシャルスキルの改善

　この本では，ASD児の社会的能力を改善するいくつかの具体的なアプローチと方略を紹介してきました。介入の種類やASDのサブタイプ，あるいはASD児が直面する具体的な社会性の問題がどのようなものであれ，どの家族もASD児の社会性の発達に関していくつかの決断をしなければなりません。このような決断は，必然的に長期的な予後に影響を与えます。この最終章では，親の関与の度合いや，仲間集団と社会的関係，そして将来のための計画などの問題を検討することによって，SSTと社会性という側面から，ASD児の成人後の生活を見ていきます。

親の関与：変化するニーズ

　ASD児のソーシャルスキルのプログラムとトレーニングに親が深く関わることの大切さは，この本全体を通して強調してきました。実際，親の支援や指導は，どのような介入を成功させるうえでも重要です。しかし，ASD児が成長するにつれて，親の関わり方がどのように変化すべきかは，あまり論じられていません。親の関与の程度や性質は，子どもの人生のさまざまな段階によって変わります——あるいは少なくとも変えるべきです。定型発達児の場合は，親は児童期中期から思春期にわが子の仲間との社会的関係に深く関わるのをやめるのが普通です。子どもへの興味を持ちつづけ，ある程度の監督はしますが，例えば，遊びのスケジュールを立てたり，仲間との交流のしかたを指導したりはしません。しか

しASD児の親は，息子や娘のスキルが乏しいせいで，社会的に気まずい――多くの場合，厄介な――事態を常に生んでしまうことを痛いほどわかっているため，可能な限り長い間ASD児を守り，指導をしたいと，当然，思っています。問題が生じるのは，子どもが児童期後期または思春期前期になって親から離れたい，もっと自立したいという正常な欲求を強めたときです。このとき，子どもの強まった自立欲求が，子どもを守ろうという親の欲求とぶつかってしまうのです。

　この移行を最も上手に乗りきる家族は，子どもの強まる自立欲求を親が受け入れる家族です。両極端な親の関わり方――子どもを過保護にすることと，まだ準備ができていない子どもを無理に自立させようとすること――はどちらも理想的ではありません。15歳になる息子の服を（息子は自分の服を選ぶことが完全にできるのに）毎朝注意深く選んであげる母親は，実は自己管理における重要な要素を学ぶ機会を失わせていることになります。10代のASD児を支えながら，不適切な洋服を選ばせないようにする，もっと年齢相応のアプローチは，通学にふさわしい服が入っている引き出しをいくつか決めておき，一番下の引き出しは週末用の（通学にはふさわしくない）服専用にすることかもしれません。子どもは洗濯物を選り分ける際に，どの洋服をどの引き出しにしまうのが適切か，自分で思い出すことができるでしょう。

　多くの「過保護」はまた，セラピーを予約をしたりキャンセルしたりするときにも生じます。セラピストはティーンエイジャーや，ときには10歳前後の子どもに対しても，予約の変更やキャンセルの必要があるときや，予定していた活動の結果を報告するとき，親ではなく自分でセラピストのオフィスに電話連絡をするように言うかもしれません。このようにもっと頻繁なコミュニケーションを求めるのは，その子どもがそのような課題をこなせるとセラピストが思っており，結果を報告したり予約を取ったりするために電話を適切に使うという重要なソーシャルスキルを練習させようとしているからです。一般に親は，10代の子どもが手助けを求めてきたら必ずそれに応え続けるべきです。これはたいていの場合，極端ではない中間の位置にいることを意味します。

　10代の子どもがさらなる自立に移行するとき，親自身もまた，セラピストが

提供するカウンセリングから恩恵を受けることができます。親はセラピストに対して不安や悩みを訴えることができ，子どもの方は個人的な悩みや対人関係の問題などを話せる相手を持つことになります。思春期直前および思春期のASD児に対する私自身のカウンセリングの経験では，カウンセリング関係の性質について，親とクライアントに率直に説明することが役に立つことがわかりました。そのため，私はセラピー関係の始まりから自分が担う役割を説明します。具体的には，私の主なクライアントが子どもの方であるということを親子の双方に理解させます。また，10代の子どもが親に必ずしも知られることなく，私に秘密の話をすることができると信じられるように，守秘義務の性質も伝えます。そして私は守秘義務の範囲と，親に事情を話さなければならない場合（自傷の恐れがあるとき）について繰り返し説明します。この最後の部分——親に話す事柄と守秘義務の範囲——についていえば，親は子どもが未成年者なら，子どものセラピーに対して法的権利を持っています。しかし，ほとんどの親は，セラピーにおいて秘密を守れるかどうかが，セラピストに心を開くかどうか——トレーニングの前進にとって絶対必要ではないにしても，非常に有益なこと——に影響することを理解してくれます。ですから，大半の親は自分の子どもが伝えたがる以上の情報を無理に聞き出そうとしません。もし親が秘密の範囲に強引に踏み込もうとすれば，セラピストはそれがなぜなのかを知ることが重要になります。親は厳密には何を知りたがっているのか，あるいは知る必要があると信じているのでしょうか。大半の親は，わが子にとって最良のことをしてやりたいと思っているので，セラピー関係の性質について知る必要のあることを早期にすべて知らされれば，セラピストや，セラピストの能力に対して抱く必要のある信頼を築きやすくなるはずです。

　ASD児の年齢や成熟度にもよりますが，親をセッションに招いて最新の進捗状況を報告したり確認してもらったりするとき，私はたいていその場に子どもを立ち会わせます。理想を言えば，子どもが親のためにセッションの内容を簡潔に紹介できれば申し分ありません。しかし，これはいつも可能とは限りません。ASD児の中には親のために話の内容をまとめたり適切に言語化することができない子どももいるからです。このような場合は，私はたいていASD児がセッショ

ンに関連する一部の事柄を伝えるように促しています（例えば，「今日した課題についてお母さんに話してくれますか？」）。そして，ASD 児が言い忘れたことがあれば，私がそれを親に伝えてもいいかと尋ねるのです。

　最後に，社会的関係に関する ASD 児のニーズや欲求の強さを理解し受け入れることは，極めて大切なことです。多くの ASD 児がより多くの友人関係を求めており，一般的にかなりの孤独を経験しているということは知られています（Bauminger & Kasari, 2000）。しかし，臨床的観察や事例報告に基づくと，ASD 児の中には定型発達児ほど——あるいは ASD 児の親が望むほど——広範囲な社会的ネットワークを持つことを重んじていない子どももいるのです。彼らの理想的な友人関係は，感情的な支えや気持ちの共有よりも，共通の興味や活動（同じビデオゲームが好きな遊び友達を持つこと）に基づいたものかもしれません（例えば，Kelly et al., 2008）。すべての ASD 児について，どれだけ友人関係を望んでおり，どんなタイプの友情を最も望んでいるかを一般化することは不可能です。親とセラピストの双方が，ASD 児が望んでいることと親が普通だと考えていることが食い違っていないかどうかを知る必要があります。そして双方とも，自ら社会的な希望が ASD 児の希望と重なっていると決めつけることに注意しなければなりません。

　セラピストは通常，詳しいインテーク面接を行うことによって，ASD 児の社会的目標や興味についての情報を得ることができます。その子どもがどのようなことで（例えば社会的なことかどうか）喜ぶか，生活の中で困っていることは何か，または「違っていたらよかったのに」と思うことは何か，そして同年代の他の子どもたちをどのように考えているかなどを突き止めるのです。

　もちろん，この種の情報は小さい子どもから集めることは困難です。そのような場合，行動観察を行うことが有益かもしれません——例えば，ASD 児が他の子どもに興味を持っていたり，他の子どもをすぐ見るか，あるいは他の子どもに対して用心深く，打ち解けず，他者からのアプローチを無視する傾向があるかなどに注意するのです。年長の子どもの中には，孤独や友達を増やしたい気持ちを否定しながらも，それとは逆の行動を示す子どももいることに注目すべきです。

例えば，私が関わったある青年は，自分の通う高校で友達を作ることには興味がないと主張しました。しかし，インターネットのチャットルームでは多くの時間を過ごし，ネット上で人と「会話」をすることを大いに楽しみました。楽器店でのアルバイトの仕事を得たとき，彼は同世代の人たちと出会うことを明らかに喜んでいましたが，相手のほとんどは同じ高校の生徒ではありませんでした。この場合，青年は社会的相互作用を本当に求めていて，それを楽しんでいましたが，学校で人と話をすることは不安だったようです。

仲間集団：古い集団，新しい集団

　親と教師は，生徒がASDであることを仲間に言うかどうかについて強い感情を抱いています。一方では，ASDの人について悪いイメージが蔓延していることへの懸念と，差別的な態度や行動を受ける可能性があります。他方では，ASDを打ち明ければ，意思疎通がしやすくなり，仲間の態度が改善する可能性があります。ASDであることをカミングアウトするかどうかについての議論にはいまだ結論は出ていません。結局は，親，ASD児，学校関係者が一緒に下す選択なのです。ASDであることを仲間に打ち明ける前に，考えるべき要素の包括的レビューは，Campbell（2006）を参照してください。学校内でASD児と定型発達児をうまく統合するための具体的な方法は，HarrowerとDunlap（2001），そしてWilliams, JohnsonとSukhodolsky（2005）の著作に提示されています。

　Williamsら（2005）が書いたように，ASD児と定型発達児が一緒に学ぶ教室で社会的な統合を促進する方法は，先行条件に基づいた方略，仲間を媒介者とする方略，指示的スキルトレーニングアプローチなどが含まれます。

　先行条件に基づいた方略の例は，さまざまなグループ学習活動やプロジェクトを組み込むことや，教師がソーシャルスキルをモデリングすることがあります。ASD児との関わり方を他の児童に教えることやバディシステム（ASD児とペアで活動するプログラム）は，仲間を媒介者とするアプローチの例です。第5章で詳細に述べたように，学校で実施されるSSTには多くのメリットがあります。練習相手の仲間がすぐそこにいることや，スキルを使用してほしい標的環境と一

致した場所で学べることも，メリットに数えられます（Williams et al., 2005）。学校においてトレーニングを受けることのさらなるメリットは，その介入が親に負担にならない（あるいは負担が少ない）ことです。スケジュール調整や交通手段の問題――それはとりわけ経済的に恵まれていない家族にとって重要なことです――を避けられる可能性があるからです。また，もし社会的能力の向上がASD児のIEP（個別教育計画）の中の目標であるのなら，学校でのトレーニングは重要な教育的使命を満たすことになります。

　ASD児自身とその親から聞く主な不満の一つは，ASD児に対する仲間の見方と接し方にあります。大半のASD児にとって，仲間集団の態度が――どれだけASD児のソーシャルスキルが上達したにかかわらず――あまり変わらないということは，残念な事実なのです。多くのASD児にとって，これはつまり，質問への答え方がわからなくて泣きながら教室を飛び出した自分や，食堂で不適切な振る舞いをした自分，あるいは攻撃的な脅しをかけた後，校長か警官に学校から連れ出された自分さえ見ていたのとほぼ同じ仲間集団と一緒にい続けなければならないということです。言い換えると，ASD児は新しいスキルを学習して，他の子どもたちと適切に関われるようになっても，過去の否定的な社会的経験――と仲間集団内の社会的な集合記憶――ASD児につきまとい続けるかもしれないということです。

　子どもによっては，新しい仲間集団を見つけることが最も良い方法になることもあります。これは必ずしも転校することを意味しているわけではありません（転校が最良の選択肢である場合もありますが）。むしろ，同年代の仲間と友達になる新しい機会をASD児に提供するような，異なった活動や社交の場を見つけるという意味です。考えられるいくつかの例の中には，青年の活動グループ，（例えば4-Hクラブ，ボーイスカウトやガールスカウト），障害のある子ども向けのキャンプ，放課後活動グループ，共通の趣味や関心事のクラブ，教会の少年少女グループなどがあります。覚えておいてほしいのは，小学校から中学校に上がるとき，あるいは中学から高校へ上がることも，多くの子どもたちにとって救いになりうるということです。当然のことですがこのような移行は，「新しいスタート」

と見なしうるし，往々にして多くの新しい人たちと出会う機会ともなります。そのような変化は不安を引き起こすこともありますが，やはり何か新しいことを始めようとしている新しい子どもたちと出会える，うれしい機会とも見なせるのです。

将来のための計画

　ASD は生涯にわたる障害です。しかし，ASD の成人の予後は非常に大きなばらつきがあります。予後と自立度に特に影響を与えると思われる要因は認知機能のレベル（Cederlund, Hagberg, Billstedt, Hillberg, & Gillberg, 2008）と——特に——言語能力です（Eaves & Ho, 2008）。しかし，認知面で高機能の ASD 者の中でさえ，成人の予後は概して，ASD を伴わない人と同等のものではありません。言い換えると，自立度や生活の質，認知機能のみに基づく予測と一致するわけではないのです。多くの場合，ASD の人たちは親しい友人やパートナーがほとんどおらず，家族に依存しすぎ，職における地位が低く，収入のよい仕事先は確保できていません（Howlin et al., 2004；Engstrom et al., 2003）。

　成人期に順調な社会生活を送る可能性を高めるために，どのような将来計画を立てればよいかについては，簡単な答えはありません。しかし，とりわけ高機能の ASD 児には，彼らが抱える障害と，ASD に伴う社会的困難の永続性について十分に教育することが重要となるでしょう。よい面も悪い面も含め，ASD を受け入れれば，偏見を軽減し，将来，支援を求めたり受けたりすることにつながるのです。青年期 ASD 者に，対人関係にはずっと苦労するだろうと説明することは困難なことですが，そうすることで大人になってからの失望や欲求不満を防ぐ，あるいは少なくとも軽減することができるようになります。このようなアプローチに関連して，社会性の発達のために現実的で達成可能な目標を定めることは，とてもやる気を起こさせます。ASD 児には短期的目標——例えば，2 週間以内にキャンプで新しい人と話をすることなど——と，長期的目標——例えば，誰かをデートに誘い出すことなど——を持たせましょう。成長するにつれて，自立につながる新しい目標を設定することが必要になります（例えば，自動車の運転免

許を取得する，アルバイトに応募してみるなど）。その間つまずきは必ず生じます。最終的な進歩と予後に真に影響を及ぼすものは，ASD児とその家族がどのように対処するかにかかっているのです。

　長期的計画に関するその他の提案，とりわけ移行期のための提案は，たいていは肉親以外の，「支援者」を作っておくことです。この「支援者」は，セラピストでもいいですし，プライベートで相談できるカウンセラー，あるいは近くに住むおじなど，ASD者が一緒にいて安心感を覚えられればどのような人でも結構です。「支援者」は「コーチ」に似ているかもしれません。ASD者のために尽力するのではなく，目標の達成の仕方について指導したり，励ましたりする人なのです。「支援者」は，社会的な悩み（例えばデートなど）についてASD者にアドバイスを与えたり，学校の受験や就職のための書類に記入したり，必要であればその子のため，そしてその子と一緒に権利擁護を行ったり，全般的にASD者が問題を抱えて援助を必要としている時はいつでも対応できるような人です。ASD児と関わるセラピストは，セラピーや介入の活発な段階が終了した後も，多くの場合，家族と連絡し続けます。ASD児は必要に応じて「補強」セッションに来てもよいですし，親が，何らかの移行の問題や家族内での問題などへの対処の仕方について意見を求めてもよいでしょう。

　ASDの分野における次世代の研究では，若年成人に対する適切な介入と支援を考案および評価する必要性が増加してくるでしょう。例えば大学では，毎年入学してくる学生の中にASDと判断された学生が増加しています。残念なことに，このような学生たちが大学でうまく対処し，可能性を発揮するのを効果的に手助けする方法については，ASDの成人と関わる実践家にも大学関係者にも手引きがほとんどない状況です。

　親，教育者，実践家は，応用研究について知らせ，これらの移行を手助けすることによって，ASDの若年成人の擁護者として役に立ちます。ASDを抱える息子の特有の困難について知っていることや過去に息子に役立ったことを親が大学の障害学生課に伝えれば，非常に有益です。過去にその学生と関わったことのある教師は，彼が学習する上で何が役立ったか，最も有効だった配慮はどのような

ものか，学校でどのように社会的関係に対処したかなどの情報をまとめるとよいかもしれません。それを1冊のファイルにして親か本人が所持していれば，大学の指導教官やカウンセラー，あるいは学習支援コーチに見せられます。さらに，学生が定期的にセラピストと会っていたのであれば，このセラピストが大学内で新たなセラピストを見つけられるよう学生を手助けし，適切な情報を引き継ぐとよいでしょう。

　親はほぼ確実に，「私の息子や娘に，長期的にはどのようなことを予想すればいいのでしょうか？」と尋ねてくるでしょう。それに対する明白な答えは「場合によって違う」というものです。それは，多数の要因に左右されるからです。

　その要因のほんの一部を挙げると，ASD児の全体的な機能レベル，認知能力や言語能力，社会的動機付けや社会的興味，問題行動の程度，相対的な自立性あるいは独立度などです。しかし，この答えはあまり参考にはなりません。もちろん，場合によって違いますが，もっと参考になりうるのは，考えられる予後の現実的な範囲を実践家が親に伝えることです。介入を行うことによって，ASD児の社会的機能を改善できることはわかっています。またASDが，ほとんどの場合，生涯続くこともわかっています。したがって，短期目標や現実的な長期目標を設定することが賢明です。ASD児が自分の強みを見つけることや，できればASDの仲間と会うことを手助けすると効果的です。個別のカウンセリングやサポートグループの形で親のための支援や教育を行うこともまた有効になりえます。

　社会性の困難はASDだけに限った問題ではありませんし，ASD児が直面する唯一の問題だというわけでもありません。それでも，社会的能力の弱さはすべてのASD者に共通の中核的障害です。認知能力や言語能力のレベルと同様に，社会的能力の弱さはさまざまな診断カテゴリーに共通します。研究者や実践家は現在，この社会性の障害が，発達のみによって自動的に軽減するものではないということをよく知っています。しかし，介入の「最も優れた」アプローチを知っているわけではありません。さらに，すべてのASD者にとってたった一つの介入アプローチが最善である可能性は非常に低いでしょう。

　そのため，ASD児のソーシャルスキルを向上させようとするときは，さまざ

まな介入方法を考慮することが賢明です。指導計画を立てるときは，研究（例えば，ある介入方法に関してどのような研究が知られているか，あるいはその使用を支持する証拠，支持しない証拠），コスト（例えば，その介入方法を用いるのに必要な時間や金銭的な費用），そして適合度（例えば，クライアントがその介入方法を受け入れられる確率や，クライアントと家族にとって効果がある確率）考慮する必要があります。

　トレーニングの進行とともに，評価も継続すべきです。親とセラピストは進捗状況をモニターし，必要に応じてトレーニングプログラムを変えていかなければなりません。この章で取り上げた問題の一部——親の関与の最善の度合い，家族関係への長期的影響，理想的な仲間集団の性質——がたいてい生じるのは，このモニタリングの課程です。ほとんどのソーシャルスキルに関する介入法は特定の子どもを対象に考えられていますが，社会的能力を持てるかどうかは，そもそも多くの要因にかかっています。その要因とは，適切な社会的相互作用の機会，その子どもが仲間や大人から受ける反応，新たなスキルを練習したときの失敗と成功に対する本人の認識と反応などです。これらの留意事項が，介入の効力の向上や，学んだスキルが最も必要な場面——学校などの自然な環境——で使用される可能性，そして活発な介入が終了した後もスキルが維持される可能性も関わってくるのです。

● 附　録 ●
コピーできる記入フォーム

フォーム1：ソーシャルスキルの弱さの機能的アセスメント　195

フォーム2：社会歴に関する面接　196

フォーム3：ASD児の概念化　198

フォーム4：2回のグループセッション後に行う子どもの機能的アセスメント　200

フォーム5：生徒記入用に改変された機能的アセスメント　202

フォーム6：ASDに関する心理教育　203

フォーム7：目標ワークシート　204

フォーム8：思考，感情，行動の区別　205

フォーム9：思考検討のワークシート　206

フォーム10：問題解決ワークシート　207

フォーム1　ソーシャルスキルの弱さの機能的アセスメント

日時	子どもの行動 (観察および測定可能な表現で描写する)	先行事象 (行動の直前に何があったか)	結果事象 (行動の後に何が生じたか。保護者や兄弟の反応を含む)	家族機能に対する影響 (不安と発生または維持させた原因についてのあなたの考え)

フォーム2　社会歴に関する面接

1. 親友はいますか　　　　　　　　　はい　　いいえ
2. 友達グループはいますか　　　はい　　いいえ

    もし「はい」であれば，彼らは対象児と同じ年齢ですか？
    (　　　　　　　　　　　　　　　　　　　　　　　　　　　　　　　　)

    彼らとは何を一緒にしますか？
    (　　　　　　　　　　　　　　　　　　　　　　　　　　　　　　　　)

    どれくらい頻繁に集まりますか？
    (　　　　　　　　　　　　　　　　　　　　　　　　　　　　　　　　)

    誰がその集まりまとめ役ですか？
    (　　　　　　　　　　　　　　　　　　　　　　　　　　　　　　　　)

3. 対象児は友達付き合いや友達作りにどれくらい興味を持っていますか？
    対象児に，ソーシャルスキルを改善しようという意欲はありますか？
    (　　　　　　　　　　　　　　　　　　　　　　　　　　　　　　　　)

4. 仲間に対する対象児の社会的相互作用の様子を描写してください。（例えば，自分から近づこうとするスキル，他者からの近づきに対する反応，アイコンタクト，不適切な身体接触や攻撃行動など）
    (　　　　　　　　　　　　　　　　　　　　　　　　　　　　　　　　)

5. 電話に出たり，電話をかけたりしますか？
    (　　　　　　　　　　　　　　　　　　　　　　　　　　　　　　　　)

6. フェイスブックなどの電子的なソーシャルネットワークに関心があったり，参加していますか？
    (　　　　　　　　　　　　　　　　　　　　　　　　　　　　　　　　)

7. 恋愛関係やデートに興味があったり，実際に経験していますか？
    (　　　　　　　　　　　　　　　　　　　　　　　　　　　　　　　　)

8. 仲間によるからかいや拒絶について，気がかりなことがありますか？
   (   )

9. 社会的機能を妨害するような特別な行動や発声がありますか？
   (   )

10. 主にどのような方法でコミュニケーションをとりますか（例えば，文章で。非言語的なコミュニケーションが組み合わされているなら，それも書いてください）
    (   )

11. 聴覚検査は行いましたか（もし行ったなら，日にちを）
    (   )

    その結果は
    (   )

    聴覚または知覚について気がかりなことがありますか
    (   )

12. 対象児の話し方について何か気がかりな点や風変わりな部分があれば書いてください。（例えば，声の高さ，大きさ，しゃべる速さが普通ではない）。
    (   )

    その風変わりな部分は，クラスメイトや他者が気づきやすいものですか？
    (   )

13. 対象児の社会的機能について特に気がかりなことは何ですか？
    親の視点：
    (   )

    対象児の視点：
    (   )

フォーム3　ASD児の概念化

名前： 親（両親）： 年齢： 連絡先：	診断（利用可能な全データに基づく） 1. 2. 3. 4. 5.
ソーシャルスキルに関する不安（最も重篤な順番。観察，臨床面接，他のアセスメントに基づく） 1. 2. 3. 4.	主なソーシャルスキルの弱さ（親の報告） 1. 2. 主なソーシャルスキルの弱さ（子どもの報告） 1. 2.

選択されたソーシャルスキルの目標（トレーニングの中で最初に目指す1つか2つの目標）	要因に関する仮説（観察，親の報告，アセスメントの結果）	介入方略	モニタリング計画（使用するアセスメント方法，アセスメントの頻度）	クライアントの強み／関心	トレーニング解決法への潜在的障害

フォーム4 2回のグループセッション後に行う子どもの機能的アセスメント

子どもの氏名（　　　　　）年齢（　　　）

ソーシャルスキルに関する親や養育者の不安／目標
（　　　　　　　　　　　　　　　　　　　　　　　）

ソーシャルスキルに関する子どもの不安／目標
（　　　　　　　　　　　　　　　　　　　　　　　）

グループセッション中の子どもの観察結果（例えば、好きなもの、嫌いなもの、興味、長所、不得手）
（　　　　　　　　　　　　　　　　　　　　　　　）

ソーシャルスキルの目標

スキル／行動	使用される指導方法	家庭での練習方法	報酬（強化子）

適切な社会化を助ける行動

行動／不安	先行事象（その行動の前に起きた出来事、その行動を促す出来事）	結果事象（その行動の後に起きた出来事、その行動を強化する出来事）	とりうる介入／指導方法

フォーム5　生徒記入用に改変された機能的アセスメント

問題は何ですか？
（　　　　　　　　　　　　　　　　　　　　　　　　　　　　　　　　　　）

それはいつ起こりやすいですか？	
それはどこで起こりやすいですか？	
それはどんな状況で起こりやすいですか？	
それが起こる前… （先行条件）	
それが起こった後… （結果）	

この問題や行動を説明できそうな仮説
（　　　　　　　　　　　　　　　　　　　　　　　　　　　　　　　　　　）

ソーシャルスキルや行動を改善するためにできる1つのことは何ですか？
（　　　　　　　　　　　　　　　　　　　　　　　　　　　　　　　　　　）

フォーム6　ASDに関する心理教育

以下は，ASDの人によく見られる特質です。
自分に当てはまると思うものに○を，当てはまらないと思うものに×を付けてください。

正直	忠実
個性的	変化が苦手
柔軟性がない	人なつっこい
規則に縛られやすい	人の役に立つ
孤立している	だまされやすい
人から離れてひとりでいる	感情的
賢い	孤独である
専門的	神経質
細かいことに注意する	変わっている
友達思いである	優等生である

フォーム7　目標ワークシート

誰にでも得意なことや大好きなことがあります。そしてあまり好きではないことや苦手なこともあります。よく考えて下の欄にそれらを書き出しましょう。

僕／私がとても得意なこと（社会的な強み）
(　　　　　　　　　)
(　　　　　　　　　)

僕／私がうまくできないこと（社会的なニーズ／弱さ）
(　　　　　　　　　)
(　　　　　　　　　)

社会的困難のせいでやりにくいのは…

新しいソーシャルスキルをいくつか学んで練習したら、できるようになるのは…

僕／私の2つの社会的目標

1. (　　　　　　　　　)
2. (　　　　　　　　　)

フォーム8　思考，感情，行動の区別

　思考とは，物や人について私たちが自分自身に語りかけることです。私が持っている思考の例は：

(　　)

　思考の判別の仕方を忘れないようにする特別な方法は？

(　　)

　感情とは，体中で感じることができる感覚です。私が持っている感情の例は：

(　　)

　感情の判別の仕方を忘れないようにする特別な方法は？

(　　)

　行動とは，私たちが思考や感情を持ったときに私たちの体がすることです。私が取る行動の例は：

(　　)

　行動の判別の仕方を忘れないようにする特別な方法は？

(　　)

フォーム9　思考検討のワークシート

検討すべき思考：

あなたはどのくらいこの考え，意見が真実で正しいと信じますか？　0が「全く間違っている」で100が「全く疑いなく正しい真実」だとしたら，何点ですか？

　　　点数：(　　　　　　)

では今度はこの考えを支持・却下する事実をみてみましょう。検討する際，「前にこうことはあったか？」「これは他の人にも起こることか？」「他に考えられる説明はあるか？」などの質問に答えるようにしましょう。

支持する事実：	支持しない事実：

この考え・意見を支持する・支持しない事実をすべて検討したうえで，あなたはどのくらいこの考え・意見が真実で正しいと信じるか，もう一度点数をつけてください。

　　　新しい点数：(　　　　　　)

点数を少しでも下げた場合，どの認知の歪みが働いていた可能性が高いか，選んでみましょう：
(　　　　　　　　　　　　　　　　　　　　　　　　　　　　　　　　　)

フォーム 10　問題解決ワークシート

1. **問題**は何ですか？
   (　　　　　　　　　　　　　　　　　　　　　　　　　　　　　　　)

2. あなたの**目標**は何ですか？
   (　　　　　　　　　　　　　　　　　　　　　　　　　　　　　　　)

3. あなたはどう**反応**しますか？（肉体的感覚，気持ち）
   (　　　　　　　　　　　　　　　　　　　)

4. どんな**考え**を持っていますか？

5. この問題を解決するためにもっと**役に立つ**考えは：
   (　　　　　　　　　　　　　　　　　　　　　　　　　　　　　　　)

6. **戦略を立てましょう**：
   (　　　　　　　　　　　　　　　　　　　　　　　　　　　　　　　)

7. **評価**：結果はどうでしたか？　自分の努力を褒めましょう!!
   (　　　　　　　　　　　　　　　　　　　　　　　　　　　　　　　)

文　献

Resources on Inclusive Education and School-Based Strategies

Gray, C. (2000). *The new Social Story book: Illustrated edition.* Arlington, TX: Future Horizons.

Gray Center website. Provides information on Social Stories and social understanding in individuals with ASD. *www.thegraycenter.org*

Howley, M. & Arnold, E. (2005). *Revealing the hidden social code: Social Stories for people with autistic spectrum disorders.* London: Jessica Kingsley.

McConnell, K. & Ryser, G. R. (2005). *Practical ideas that really work for students with Asperger syndrome.* Austin, TX: Pro-Ed.

Williams, S. K., Johnson, C., & Sukhodolsky, D. G. (2005). The role of the school psychologist in the inclusive education of school-age children with autism spectrum disorders. *Journal of School Psychology, 43*, 117-136.

Resources for Parents and Families

Bolick, T. (2001). *Asperger syndrome and adolescence: Helping preteens and teens get ready for the real world.* Gloucester, MA: Fair Winds Press.

Jackson, L. (2002). *Freaks, geeks and Asperger syndrome: A user guide to adolescence.* London: Jessica Kingsley.

Ozonoff, S., Dawson, G., & McPartland, J. (2002). *A parent's guide to Asperger syndrome and high-functioning autism: How to meet the challenges and help your child thrive.* New York: Guilford Press.

Vismara, L. A., Gengoux, G. W., Boettcher, M., Koegel, R. L., & Koegel, L. K. (2006). *Facilitating play dates for children with autism and typically developing peers in natural settings: A training manual.* Santa Barbara: University of California Press.

Willey, L. H. (1999). *Pretending to be normal: Living with Asperger's syndrome*: London: Jessica Kingsley.

Curricula for Social Skills Instruction for Youths with ASD

Baker, J. (2003). *Social skills training for children and adolescents with Asperger syndrome and social-communication problems.* Shawnee Mission, KS: Autism Asperger Publishing.

Bellini, S. (2008). *Building social relationships: A systematic approach to teaching social interaction skills to children and adolescents with autism spectrum disorders and other social difficulties.* Shawnee Mission, KS: Autism Asperger Publishing.

McAfee, J. (2002). *Navigating the social world: A curriculum for individuals with Asperger's syndrome, high functioning autism and related disorders.* Arlington, TX: Future Horizons.

Aldred, C., Green, J., & Adams, C. (2004). A new social communication intervention for children with autism: Pilot randomized controlled treatment study suggesting effectiveness. *Journal of Child Psychology and Psychiatry, 45*, 1420-1430.

Aldred, C. R., Pollard, C., Phillips, R., & Adams, C. (2001). Multi-disciplinary social communication intervention for children with autism and Pervasive Developmental Disorders: The Child's Talk research project. *Journal of Educational and Child Psychology. 18*, 76-87.

American Psychiatric Association. (2000). *Diagnostic and statistical manual of mental disorders* (4th ed., text rev.). Washington, DC: Author.

Attwood, T. (2000). Strategies for improving the social integration of children with Asperger syndrome. *Autism, 4*, 85-100.

Attwood, T. (2004). Cognitive behaviour therapy for children and adults with Asperger's syndrome. *Behaviour Change, 21*, 147-161.

Bandura, A. (1994). Self-efficacy. In V. S. Ramachaudran (Ed.), *Encyclopedia of human behavior* (Vol. 4, pp. 71-81). New York: Academic Press. (Reprinted in Friedman, H. [Ed.]. [1998]. *Encyclopedia of mental health*. San Diego: Academic Press).

Barnhill, G. P., Cook, K. T., Tebbenkamp, K., & Myles, B. S. (2002). The effectiveness of social skills intervention targeting nonverbal communication for adolescents with Asperger syndrome and related pervasive developmental delays. *Focus on Autism and Other Developmental Disabilities, 17*(2), 112-118.

Baron-Cohen, S. (1995). *Mindblindness: An essay on autism and theory*. Cambridge, MA: MIT Press.

Baron-Cohen, S. (2009, November 10). The short life of a diagnosis. *The New York Times*, p. 35.

Barry, T. D., Klinger L. G., Lee J. M., Palardy N., Gilmore T., & Bodin S. D. (2003). Examining the effectiveness of an outpatient clinic-based social skills group for high-functioning children with autism. *Journal of Autism and Developmental Disorders, 33*. 685-701.

Bass, J. D., & Mulick, J. A. (2007). Social play skill enhancement of children with autism using peers and siblings as therapists. *Psychology in the Schools, 44*, 727-735.

Bauminger, N. (2007). Brief report: Group social-multimodal intervention for HFASD. *Journal of Autism and Developmental Disorders. 37*, 1605-1615.

Bauminger, N., & Kasari, C. (2000). Loneliness and friendship in high-functioning children with autism. *Child Development, 71*, 447-456.

Bauminger, N. (2002). The facilitation of social-emotional understunding and social interaction in high-functioning children with autism: Intervention outcomes. *Journal of Autism and Developmental Disorders, 32*(4), 283-298.

Bauminger, N., Shulman, C., & Agam, G. (2003). Peer interaction and loneliness in high-functioning children with autism. *Journal of Autism and Developmental Disorders. 33*(5), 489-507.

Bauminger, N., Solomon, M., Aviezer, A., Heung, K., Brown, J., & Rogers, S. J. (2008). Friendship in high-functioning children with autism spectrum disorder: Mixed and non-mixed dyads. *Journal of Autism and Developmental Disorders, 38*, 1211-1229.

Bellini, S., & Akullian, J. (2007). A meta-analysis of video modeling and video self-modeling interventions for children and adolescents with autism spectrum disorders. *Exceptional Children, 73*(3), 264-287.

Bellini, S., & Hopf, A. (2007). The development of the Autism Social Skills Profile: A preliminary analysis of psychometric properties. *Focus on Autism and Other Developmental Disabilities, 22*(2), 80-87.

Bellini, S., Peters, J. K., Benner, L., & Hopf, A. (2007). A meta-analysis of school-based social skills interventions for children with autism spectrum disorders. *Remedial and Special Education, 28*(3), 153-162.

Bogels, S. M., & Voncken, M. (2008). Social skills training versus cognitive therapy for social anxiety disorder characterized by fear of blushing, trembling, or sweating. *International Journal of Cognitive Therapy, 1*(2), 138-150.

Brown, W. H., Odom, S. L., & Conroy, M. A. (2001). An intervention hierarchy for promoting young children's peer interactions in natural environments. *Topics in Early Childhood Special Education, 21*, 162-175.

Campbell, J. M. (2006). Changing children's attitudes toward autism: A process of persuasive communication. *Journal of Developmental and Psyical Disabilities, 18*, 251-272.

Campbell, J. M., Ferguson, J. E., Herzinger, C. V., Jackson, J. N., & Marino, C. A. (2004). Combined descriptive and explanatory information improves peers' perceptions of autism. *Research in Developmental Disabilities, 25*, 321-339.

Carter, A., Davis, N., Klin, A., & Volkmar, F. (2005). Social development in autism. In F. R. Volkmar, R. Paul, A. Klin, & D. Cohen (Eds.), *Handbook of antism and pervasive developmental disorders* (3rd ed., pp. 312-334). Hoboken, NJ: Wiley.

Cederlund, M., Hagberg, B., Billstedt, E., Hillberg, I. C., & Gillberg, C. (2008). Asperger syndrome and autism: A comparative longitudinal follow-up study more than 5 years after original diagnosis. *Journal of Autism and Developenental Disorders, 38*, 72-85.

Centers for Disease Control and Prevention. (2007). Prevalence of autism spectrum disorders: Autism and Developmental Disabilities Monitoring Network. *MMWR Surveillance Summaries, 56*(1), 1-40.

Centers for Disease Control and Prevention. (2009). Prevalence of autism spectrum disorders —Autism and Developmental Disabilities Monitoring Network, United States, 2006. *MMWR Surveillance Summaries, 58*(10), 1-20.

Chalfant, A., Rapee, R., & Carroll, L. (2007). Treating anxiety disorders in children with high functioning autism spectrum disorders: A controlled trial. *Journal of Autism and Developmental Disorders, 37*, 1842-1857.

Chamberlain, B. O. (2002). Isolation or involvement?: The social networks of children with autism included in regular education classes. *Dissertation Abstracts International, 62*, 8-A, (AAI3024149).

Constantino, J. N., & Gruber, C. P. (2005). *Social Responsiveness Scale* (SRS). Los Angeles, Western Psychological Services.

Dahle, K. B. (2003). Services to include young children with autism in the general curriculum. *Early Childhood Education Journal, 31*, 65-70.

Dawson, G. (2009). Early behavioral intervention, brain plasticity, and the prevention of autism spectrum disorder. *Development and Psychopathology, 20*, 775-803.

de Boo, G. M., & Prins, P. J. M. (2007). Social incompetence in children with ADHD: Possible moderators and mediators in social-skills training. *Clinical Psychology Review, 27*(1), 78-97.

Dodd, S., Hupp, S. D. A., Jewell, J. D., & Krohn, E. (2008). Using parents and siblings during a Social Story intervention for two children diagnosed with PDD-NOS. *Journal of Developmental and Physical Disabilities, 20*, 217-229.

Dossetor, D. R. (2007). All that glitters is not gold: Misdiagnosis of psychosis in pervasive developmental disorders—a case series. *Clinical Child Psychology and Psychiatry, 12*, 537-548.

Eaves, L. C., & Ho, H. H. (2008). Young adult outcome of autism spectrum disorders. *Journal of Autism and Developmental Diorders, 38*, 739-747.

Engstrom, I., Ekstrom, L., & Emilsson, B. (2003). Psychosocial functioning in a group of Swedish adults with asperger syndrome of high-functioning autism. *Autism, 7*, 99-110.

Evans, S. W., Axelrod, J. L., & Sapia, J. L. (2000). Effective school-based mental health interventions: Advancing the social skills training paradigm. *Journal of School Health, 70*, 191-193.

Fisman, S., Wolf, L., Ellison, D., & Freeman, T. (2000). A longitudinal study of siblings of children with chronic disabilities. *Canadian Journal of Psychiatry, 45*, 369-381.

Frith, U. (2003). *Autism, Explaining the enigma* (2nd ed.), Malden, MA: Black-well.

Gabriels, R. L., & van Bourgondien, M. E. (2007). Sexuality and autism: Individual, family, and community perspectives and interventions. In R. L. Gabriels & M. E. van Bourgondien (Eds.), *Growing up with autism: Working with shool-age children and adolescents* (pp. 58-72). New York, Guilford Press.

Gadow, K. D., Devincent, C. J., & Drabick, D. A. G. (2008). Oppositional defiant disorder as a clinical phenotype in children with autism spectrum disorder. *Journal of Autism And Developmental Disorders, 38*(7), 1302-1310.

Gaus, V. L. (2007). *Cognitive-behavioral therapy for adult Asperger syndrome*. New York, Guilford Press.

Ghaziuddin, M. (2008). Defining the behavioral phenotype of Asperger syndrome. *Journal of Autism and Developmental Disorders, 38*(1), 138-142.

Ghaziuddin, M., Weidmar-Mikhail, E., Ghaziuddin, N. (1998). Comorbidity of Asperger syndrome: A preliminary report. *Autism, 42,* 279-283.

Glass, K. L., Guli, L. A., & Semrud-Clikeman, M. (2000). Social competence intervention program: A pilot program for the development of social competence. *Journal of Psychotherapy in Independent Practice, 1,* 21-33.

Granhom, E., Ben-Zeev, D., & Link, P. C. (2009). Social disinterest attitudes and group cognitive-behavioral social skills training for functional disability in schizophrenia. *Schizophrenia Bulletin, 35*(5), 874-883.

Gray, C. (1994). *Comic strip conversations.* Arlington, TX: Future Horizons.

Gray, C. (1996). "Social assistance." In A. Fullerton, J. Stratton, & C. Gray (Eds.), *Higher functioning adolescents and young adults with autism: A teacher's guide.* Austin, TX: Pro-Ed.

Gray, C. (1998). Social Stories and comic strip conversations with students with Asperger syndrome and high-functioning autism. In E. Schopler, G. B. Mesibov, & L. J. Kunce (Eds.), *Asperger syndrome or high-functioning autism?* New York, Plenum Press.

Gray, C. (2000). *The new Social Story book.* Arlington, TX: Future Horizons.

Greco, L. A., & Morris, T. L. (2001). Treating childhood shyness and related behavior: Empirically evaluated approaches to promote positive social interactions. *Clinical Child and Family Psychology Review, 4*(4), 299-318.

Greene, R. W., Biederman, J., Faraone, S. V., Wilens, T. E., Mick, E., & Blier, H. K. (1999). Further validation of secial impairment as a predictor of substance use disorders: Findings from a sample of siblings of boys with and without ADHD. *Journal of Clinical Child Psychology, 28,* 349-354.

Gresham, F. M., & Elliott, S. N. (1990). *Social skills rating system.* Circle Pines, MN: American Guidance Service.

Gresham, F. M., Sugai, G., & Horner, R. H. (2001). Interpreting outcomes of social skills training for students with high-incidence disabilities. *The Council for Exceptional Children, 67,* 331-344.

Gresham, F. M., Thomas, A., & Grimes, J. (2002). Best practices in social skills training. In *Best practices in school psychology IV* (Vol.2, pp.1029-1040). Washington, DC: National Association of School Psychologists.

Gutstein, S. E., & Whitney, T. (2002). Asperger syndrome and the development of social competence. *Focus on Autism and Other Developmental Dirsabilities, 17*(3), 161-171.

Hanley, G. P., Iwata, B. A., & McCord, B. (2003). Functional analysis of problem behavior: A review. *Journal of Applied Behavior Analysis, 36.* 147-185.

Hansen, D. J., Nangle, D. W., & Meyer, K. A. (1998). Enhancing the effectiveness of social skills interventions. *Education and Treatment of Children, 21,* 489-513.

Happe, F. G. (1996). Studying weak central coherence at low levels: Children with autism do not succumb to visual illusions: A research note. *Jourrnal of Child Psychology and Psychiatry, 37,* 873-877.

Haring, T., Breen, C., Weiner, J., Kennedy, C., & Bednersh, E. (1995). Using videotape modeling to facilitate generalized purchasing skills. *Journal of Behavioral Education, 5,* 29-53.

Harrower, J. K., & Dunlap, G. (2001). Including children with autism in general education classrooms: A review of effective strategies. *Behavior Modification, 25,* 762-784.

Herbert, J. D., Gaudiano, B. A., Rheingold, A. A., Myers, V. H., Dalrymple, K., & Nolan, E. M. (2005). Social skills training augments the effectiveness of cognitive behavioral group therapy for social anxiety disorder. *Behavior Therapy, 36*(2), 125-138.

Howlin, P., Baron-Cohen, S., & Hadwin, J. (1999). *Teaching children with autism to mindread: A practical guide.* Chichester, UK: Wiley.

Howlin, P., Goode, J., Hutton, J., & Rutter, M. (2004). Adult outcome for children with autism. *Journal of Child Psychology and Psychiatry, 45,* 212-229.

Hutton, J., Goode, S., Murphy, M., Le Couteur, A., & Rutter, M. (2088). New-onset psychiatric disorders in individuals with autism. *Autism, 12*, 373-390.

Iwata, B. A., Dorsey, M. F., Slifer, K. J., Bauman, K. E., & Richman, G. S. (1982). Toward a functional analysis of self-injury. *Analysis and Intervention in Developmental Disabilities, 2*, 3-20.

Johnson, C. R., Handen, B. J., Butter, E., Wagner, A., Mulick, J., Sukhodolsky, D. G., et al. (2007). Development of a parent training program for children with pervasive developmental disorders. *Behavioral Interventions, 22*, 201-221.

Kamps, D. M., Barbetta, P. M., Leonard, B. R., & Delquadri, J. (1994). Class-wide peer tutoring: An integration strategy to improve reading skills and promote peer interactions among students with autism and general education peers. *Journal of Applied Behavior Analysis, 27*, 49-61.

Kelly, A. B., Garnett, M. S., Attwood, T., & Peterson, C. (2008). Autism spectrum symptomatology in children: The impact of family and peer relationships. *Jonrnal of Abnormal Child Psychology, 36*, 1069-1081.

Kendall, P. C., & Suveg, C. (2006). Treating anxiety disorders in youth. In P. C. Kendall (Ed.), *Child and adolescent therapy: Cognitive-behavioral procedures* (3rd ed., pp. 243-294). New York: Guilford Press.

Klin, A., Jones, W., Schultz, R., & Volkmar, F. (2003). The enactive mind—from actions to cognition: Lessons from autism. In D. J. Cohen & F. R. Volkmar (Eds.), *Handbook of autism and pervasive developmental disorders* (2nd ed., pp. 682-704). New York: Wiley.

Klin, A., Jones, W., Schultz, R., Volkmar, F. R., & Cohen, D. J. (2002). Visual fixation patterns during viewing of naturalistic social situations as predictors of social competence in individuals with autism. *Archives of General Psychiatry, 59*, 809-816.

Koegel, L. K., Koegel, R. L., & Brookman, L. I. (2005). Child-initiated interactions that are pivotal in intervention for children with autism. In E. D. Hibbs (Eds.), *Psychosocial treatments for child and adolescents disorders: Empirically based strategies for clinical practice* (2nd ad., pp. 633-657). Washington, DC: American Psychological Association.

Koegel, L. K., Koegel, R. L., Hurley, C., & Frea, W. D. (1992). Improving social skills and disruptive behavior in children with autism through self-management. *Journal of Applied Behavior Analysis. 25*, 341-353.

Krantz, P. J., & McClannahan, L. E. (1993). Teaching children with autism to initiate with peers: Effects of a script-fading procedure. *Journal of Applied Behavior Analysis, 26*, 121-132.

Kuusikko, S., Pollock-Wurman, R., Jussila, K., Carter, A. S., Mattila, M., Ebieling, H., et al. (2008). Social anxiety in high-functioning children and adolescents with autism and Asperger syndrome. *Journal of Autism and Developmental Disorders, 38*, 1697-1709.

Laushey, K. M., & Heflin, L. J. (2000). Enhancing social skills of kindergarten children with autism through the training of multiple peers as tutors. *Journal of Autism and Developmental Disorders, 30*, 183-193.

LeBlanc, L. A., Coates, A. M., Daneshvar, S., Charlop-Christy, M. H., Morris, C, & Lancaster, B. M. (2003). Using video modeling and reinforcement to teach perspective-taking skills to children with autism. *Journal of Applied Behavior Analysis, 36*, 253-257.

LeGoff, D. B. (2004). Use of LECO as a therapeutic medium for improving social competence. *Journal of Autism and Developmental Disorders, 34*, 557-571.

Lopata, C., Thomeer, M. L., Volker, M. A., & Nida, R. E. (2006). Effectiveness of a cognitive-behavioral treatment on the social hehaviors of children with Asprger disorder. *Focus on Autism and Other Developmental Disabilities, 21*, 237-244.

Marans, W. D., Rubin, E., & Laurent, A. (2000). Addressing social cummunication skills in individuals with high-functioning autism and Asperger syndrome: Critical priorities in educational programming. In D. J. Cohen & F. R. Volkmar (Eds.), *Handbook of autism and pervasive developmental disorders* (2nd ed., pp. 977-1002). New York: Wiley.

Martin, A., Koenig, K., Anderson, G. M., & Scahill, L. (2003). Low-dose fluvoxamine treatment of children aud adolescents with pervasive developmental diaorders: A prospective, open-label study. *Journal of Autism and Developmental Disorders. 33*(1), 77-85.

Matson, J. L., & Nebel-Schwalm, M. S. (2007). Comorbid psychopathology with autism spectrum disorder in children: An overview. *Research in Developmental Disabilities, 28*(4), 341-352.

McClannahan, L. E., & Krantz, P. J. (2005). *Teaching conversation to children with autism: Scripts and script fading.* Bethesda, MD: Woodbine House.

McConnell, S. R. (2002). Interventions to facilitate social interaction for young children with autism: Review of available research and recommendations for educational intervention and future research. *Journal of Autism and Developmental Disorders, 32,* 351-372.

McCoy, K., & Hermansen, E. (2007). Video modeling for individuals with autism: A review of model types and effects. *Education and Treatment of Children, 30,* 183-213.

Morton, J. F., & Campbell, J. M. (2008). Information source affects peers' initial attitudes toward autism. *Research in Developmental Disabilities, 29,* 189-201.

Mulick, J. A., & Butter, E. M. (2002). Educational advocacy for children with autism. *Behavioral Interventions, 17,* 57-74.

Mueser, K. T., & Bellack, A. S. (2007). Social skills training: Alive and well? *Journal of Mental Health, 16*(5), 549-552.

Munesue, T., Ono, Y., Mutoh, K., Shimoda, K., Nakatani, H., & Kikuchi, M. (2008). High prevalence of bipolar disorder comorbidity in adolescents and young adults with high-functioning autism spectrum disorder: A preliminary study of 44 outpatients. *Journal of Affective Disorders, 111,* 170-175.

Myles, B. (2003). Behavioral forms of stress management for individuals with Asperger syndrome. *Child and Adolescent Psychiatric Clinics of North America, 12,* 123-141.

Myles, B., Barnhill, G., Hagiwara, T., Griswold, D., & Simpson, R. (2001). A synthesis of studies on the intellectual, academic, social/emotional and sensory characteristics of children with Asperger syndrome. *Education and Training in Mental Retardation and Developmental Disabilities, 36,* 304-311.

Nangle, D. W., Erdley, C. A., Carpenter, E. M., & Newman, J. E. (2002). Social skills training as a treatment for aggressive children and adolescents: A developmental-clinical integration. *Aggression and Violent Behavior, 7*(2), 169-199.

Nikopoulos, C. K., & Keenan, M. (2007). Using video modeling to teach complex social sequences to children with autism. *Journal of Autism and Developmental Disorders, 37,* 678-693.

Owens, G., Granader, Y., Humphrey, A., & Baron-Cohen, S. (2008). LEGO therapy and the social use of language programme: An evaluation of two social skills interventions for children with high functioning autism and Asperger syndrome. *Journal of Autism and Developmental Disorders, 38*(10), 1944-1957.

Ozonoff, S. (1997). Causal mechanisms of autism: Unifying perspectives from an information-processing framework. In D. J. Cohen & F. R. Volkmar (Eds.), *Handbook of autism and pervasive developmental disorders* (2nd ed., pp. 868-879). New York: Wiley.

Ozonoff, S., Dawson, G., & McPartland, J. (2002). *A parent's guide to Asperger syndrome and high functioning autism: How to meet the challenges and help your child thrive.* New York: Guilford Press.

Ozonoff, S., & Jensen, J. (1999). Brief report: Specific executive function profiles in three neurodevelopmental disorders. *Journal of Autism and Developmental Disorders, 29,* 171-177.

Parker, J. G., & Asher, S. R. (1987). Peer relations and later personal adjustment: Are low-accepted children as risk? *Psychological Bulletin, 102,* 357-389.

Pennington, B. F., & Ozonoff, S. (1996). Executive functions and developmental psychopathology. *Journal of Child Psychology and Psychiatry, 37,* 51-87.

Research Units on Pediatric Psychopharmacology Autism Network (RUPP). (2002). Risperidone in children with autism and serious behavioral problems. *New England Journal of Medicine, 347,* 314-321.

Research Units on Pediatric Psychopharmacology Autism Network (RUPP). (2005). Randomized, controlled, crossover trial of methylphenidate in pervasive developmental disorders with hyperactivity. *Archives of General Psychiatry, 62,* 1266-1274.

Research Units on Pediatric Psychopharmacology Autism Network (RUPP). (2007). Parent training for children with pervasive developmental disorders: A multi-site feasibility trial. *Behavioral Interventions, 22*, 179-199.

Rocha, M. L., Schreibman, L., & Stahmer, A. C. (2007). Effectiveness of training parents to teach joint attention in children with autism. *Journal of Early Intervention. 29*(2), 154-172.

Rogers, S. J. (2000). Interventions that facilitate socialization in children with autism. *Journal of Autism and Developmental Disorders, 30*, 399-409.

Sansosti, F. J. & Powell-Smith, K. A. (2006). Using social stories to improve the social behavior of children with asperger syndrome. *Journal of Positive Behavior Interventions. 8*(1), 43-57.

Sansosti, F. J., & Powell-Smith, K. A. (2008). Using computer-presented Social Stories and video models to increase the social communication skills of children with High-Functioning Autism Spectrum Disorders. *Journal of Positive Behavior Interventions, 10*(3), 162-178.

Schopler, E., & Mesibov, G. (1983). *Autism in adolescents and adults.* New York: Plenum Press.

Schreibman, L. (2000). Intensive behavioral/psychoeducational treatments for autism: Research needs and future directions. *Journal of Autism and Developmental Disorders, 30*, 373-378.

Segrin, C. (2000). Social skills deficits associated with depression. *Clinical Psychology Review, 20* (3), 379-403.

Segrin, C., & Givertz, M. (2003). Methods of social skills training and development. In J. O. Greene & B. R. Burleson (Eds.), *Handbook of communication and social interaction skills* (pp. 135-178). Mahwah, NJ: Erlbaum.

Sigman, M., & Ruskin, E. (1999). Continuity and change in the social competence of children with autism, Down syndrome, and developmental delays. *Monographs of the Society for Research in Child Development, 64* (1, Serial No. 256, pp. v-vi). Malden, MA: Blackwell Publishers.

South, M., Ozonoff, S., & McMahon, W. M. (2007). The relationship between executive functioning, central coherence, and repetitive behaviors in the high-functioning autism spectrum. *Autism, 11*, 437-451.

Spence, S. H. (2003). Social skills training with children and young people: Theory, evidence and practice. *Child and Adolescent Mental Health, 8*, 84-96.

Sterling, L., Dawson, G., Estes, A., & Greenson, J. (2008). Characteristics associated with presence of depressive symptoms in adults with autism spectrum disorder. *Journal of Autism and Developmental Disorders, 38*, 1011-1018.

Sturn, H., Fernell, E., & Gillberg, C. (2004). Autism spectrum disorders in children with normal intellectual levels: Associated impairments and sub-groups. *Developmental Medicine and Child Neorology, 46*, 444-447.

Sze, K. M., & Wood J. J. (2007). Cognitive behavioral treatment of comorbid anxiety disorders and social difilculties in children with high-functioning autism: A case report. *Journal of Contemporary Psychotherapy, 37*, 133-143.

Tantam, D. (2003). The challenge of adolescents and adults with Asperger syndrome. *Child and Adolescent Psychiatric Clinics of North America, 12*, 143-163.

Tenhula, W. N., & Bellack, A. S. (2008). Social skills training. In K. T. Mueser & D. V. Jeste (Eds.), *Clinical handbook of schizophrenia* (pp. 240-248). New York: Guilford Press.

Thede, L. L., & Coolidge, F. L. (2007). Psychological and neurobehavioral comparisons of children with Asperger's disorder versus high-functioning autism. *Journal of Autism and Developemental Disorders, 37*(5), 847-854.

Twachtman-Cullen, D. (1998). Language and communication in high-functioning autism and Asperger syndrome. In E. Schopler, G. B. Mesibov, & L. J. Kunce (Eds.). *Asperger syndrome or high-functioning autism?* (pp. 199-225). New York: Plenum Press.

Vismara, L. A., Gengoux, G. W., Boettcher, M., Koegel, R. L., & Koegel, L. K. (2006). *Facilitating play dates for children with autism and typically developing peers in natural settings: A training manual.* Santa Barbara: University of California Press.

Wainscot, J. J., Naylor, P., Sutcliffe, P., Tantam, D., & Williams, J. V. (2008). Relationships with peers and use of the school environment of main-stream secondary school pupils with Asperger syndorome (high-functioning autism): A case-control study. *International Journal of Psychology and Psychological Therapy, 8,* 25-38.

White, S. W., Koenig, K., & Scahill, L. (2007). Social skills development in children with autism spectrum disorders: A review of the intervention research. *Journal of Autism and Developmental Disorders, 37,* 1858-1868.

White, S. W., Koenig, K., & Scahill, L. (2010). Group therapy to improve social skills in adolescents with high-functioning autism spectrum disorders. *Focus on Autism and Other Developmontal Disabilities, 25*(4), 209-219.

White, S. W., Oswald, D., Ollendick, T., & Scahill, L. (2009). Anxiety in children and adolescents with autism spectrum disorders. *Clinical Psychology Review, 29*(3), 216-229.

Williams, S. K., Johnson, C., & Sukhodolsky, D. G. (2005). The role of the school psychologist in the inclusive education of school-age children with autism spectrum disorders. *Journal of School Psychology, 43,* 117-136.

監訳者あとがき

　SSTは，米国の行動療法家であるリバーマン博士が統合失調症の寛解者に対する対人技能訓練として開発し，わが国の精神科療法においても大きな成果を挙げています。しかしながら，アスペルガー症候群・高機能自閉症などのASD児に対しては挨拶や援助要請などのソフトスキルの獲得に困難を示すことが多く，学校内で教えたSSTなどのスキルが般化できないといわれています。

　その理由として，中枢性統合や実行機能の困難さが示されています。

　中枢性統合とは「全体を把握できる能力のこと」であり，ASD児は一部のみに焦点を当ててしまうため詳細なことにこだわってしまい，同時に複数の情報が把握できないことがあります。

　また，実行機能とは，「いつ，どこで，何を，どのような手順で行うかを把握できる能力のこと」を言います。つまり，先の見通しを持って行う能力です。この実行機能に障害があると，衝動的に行動したり，刺激に敏感に反応してしまいます。

　また，実行機能に影響が出てくる要素として，脳に情報を一時的に保存し，それに基づいて処理する能力，いわゆるワーキングメモリの問題も指摘されています。ワーキングメモリには，数や単語，文章などを記憶する言語的短期記憶に基づいて処理できるものと絵やイメージ，位置などを記憶する視空間的短期記憶に基づいて処理するものがあり，ASD児だけではなく，LD児やADHD児もこのワーキングメモリが弱いために，実行機能に影響がでてくることがあります。

　本書では，このような発達障害児の特性を十分に把握した上での新しいSSTのアプローチがなされています。従来の学校教育では，教科教育が中心であり，このようなソフトスキルを指導する時間も少ない現状でした。しかしながら，彼らも大人になり，いろいろな人たちと関わっていかなければなりません。本書に

よって，発達障害児が成人しても，適切な社会参加や幸せな生活を送れるようになることを願っています。

2016年7月　監訳者 梅永雄二

[監訳者略歴]

梅永　雄二
1983 年慶応義塾大学文学部卒業
その後，障害者職業カウンセラーとして地域障害者職業センターに勤務。障害者職業総合センター研究員を経て 1998 年明星大学人文学部専任講師，2000 年助教授。2003 年宇都宮大学教育学部教授。2015 年 4 月より早稲田大学 教育・総合科学学術院教育心理学専修教授
著書：
『自立をかなえる！〈特別支援教育〉ライフスキルトレーニングスタートブック』（明治図書）
『大人のアスペルガーがわかる──他人の気持ちを想像できない人たち』（朝日新書）
『発達障害者の雇用支援ノート』（金剛出版）　など

[訳者略歴]（五十音順）

黒田　美保（第 5・6 章担当）
2015 年東京大学大学院医学系研究科修了
福島大学子どものメンタルヘルス支援事業推進室特任教授を経て，2016 年より名古屋学芸大学ヒューマンケア学部教授
東京大学大学院・昭和大学発達障害医療研究所・福島大学・浜松医科大学客員教授

諏訪　利明（第 3・4 章担当）
1986 年上智大学大学院文学研究科博士前期課程教育学専攻（心理コース）修了
海老名市立わかば学園園長を経て，2012 年 4 月より川崎医療福祉大学医療福祉学部医療福祉学科准教授

深谷　博子（第 7 章担当）
2013 年同志社大学心理学研究科博士後期課程単位取得満期退学
中京学院大学中京短期大学部保育科専任講師を経て，2016 年より同准教授

本田　輝行（第 2 章担当）
1991 年島根医科大学医学部医学科卒業　医学博士
高岡病院（姫路市）などを経て，2005 年より旭川荘療育・医療センター児童精神科，2011 年より同センター精神科部長

発達障害児のための SST

2016 年 8 月 15 日　印刷
2016 年 8 月 25 日　発行

著　者　スーザン・ウィリアムス・ホワイト
監訳者　梅永　雄二
発行者　立石　正信
印刷・製本　三報社印刷

株式会社　金剛出版
〒112-0005　東京都文京区水道 1-5-16
電話 03(3815) 6661（代）
FAX03(3818) 6848

ISBN978-4-7724-1500-2　C3011　　Printed in Japan© 2016

好評既刊

Ψ金剛出版 〒112-0005 東京都文京区水道1-5-16 Tel. 03-3815-6661 Fax. 03-3818-6848
e-mail eigyo@kongoshuppan.co.jp URL http://kongoshuppan.co.jp/

発達障害者の雇用支援ノート
［著］梅永雄二

発達障害者雇用の課題は，発達障害の人たちの能力にばらつきがあり，画一的なマニュアルでは対処できないことである。そのため，企業側も当事者側も当惑することになってしまう。しかし，発達障害の人の中には，興味や関心のある分野に集中して取り組み，優れた成果を上げる人や，独特な感覚から他の人にはない発想を生み出す人もいる。そのような能力を最大限に発揮させるためのキーポイントは，マッチングである。本書では，発達障害者に対する理解と，発達障害の人たちが抱える問題を一つ一つ解決し，かつ，能力を引き出しながら，意欲的に働けるように支援した会社の紹介と，就労のサポートの実際までをわかりやすく解説する。　　　本体1,800円＋税

SSTテクニカルマスター
リーダーのためのトレーニングワークブック

［監修］舳松克代　［編集代表］小山徹平

SSTとは，"Social Skills Training"の略で「社会生活技能訓練」「社会的スキル訓練」とも呼ばれる。近年わが国でもその効果が認められ，1994年から「入院生活技能訓練療法」として診療報酬にも組み込まれた。精神障害をもつ人たちの自己対処能力を高め（エンパワメント），自立を支援するために現在，医療機関や社会復帰施設，作業所，矯正施設，さらに教育現場でも実践されている。各分野のSSTリーダー，臨床心理士，精神科医，精神保健福祉士，看護師，作業療法士必携のハンドブック。
　　　　　　　　　　　　　　　　　　　　　　　　　本体2,800円＋税

発達障害支援必携ガイドブック
問題の柔軟な理解と的確な支援のために

［編］下山晴彦　村瀬嘉代子

発達障害の基礎理解，診断学，アセスメント技法により，発達障害者が生きる世界に近づき，支援家族生活・学校生活・社会生活支援へつなぐこと。4部構成全11章33論文からなる本書は，理解から支援への移行をより正確なものとすることを目的に，「第Ⅰ部　序論」「第Ⅱ部　問題の理解から支援へ」「第Ⅲ部　学校生活を支援する」「第Ⅳ部　社会生活を支援する」という4つのフェイズから発達障害を考えていく。発達障害当事者が生きる世界を理解して支援を構築することが要請される今，だからこそ求められる支援者必携ガイドブック！　　　　　　　　　　　　　　　　　　　　本体5,800円＋税